**Daniel Desurvire**



# L'HEBERGEMENT TOURISTIQUE AU SECOURS DU PATRIMOINE MONUMENTAL ANCIEN

**Éditions L'Harmattan**
5-7, rue de l'École-Polytechnique
75005 Paris

**L'Harmattan Inc.**
55, rue Saint-Jacques
Montréal (Qc) – CANADA H2Y 1K9

**Déjà parus du même auteur :**

- Editorial Idearium [Conclusiones de los plenarios - IV Congreso de derecho societario], *Universidad de Mendoza, Facultad de Ciencias Jurídicas y Sociales* (Argentine), "La concentratión de empresas" (1986).

- Rivista delle società (A. Guiffrè editore), "Les bons de souscription d'actions : un nouveau produit financier" (Travaux exécutés en collaboration avec les professeurs Jean Guyénot† et Marcelo U. Salerno], Milano, 1996).

- La Ley (Buenos Aires, año Liv n° 98 à 102), "La organización juridicial en Francia : reformas y reflexiones" (mai 1990).

- Estudios Universales [Mélange. Hommage à Juan Bautista Alberdi], *Universidad de Concepción* (Chili), "Derecho y Bicentenario" (2-1991).

- Éditions L'Harmattan [collection "Logiques juridiques" dirigée par Gérard Marcou, professeur agrégé de Droit public] : "Histoire de la banqueroute et faillite contemporaine" (1993).

- Éditions L'Harmattan [collection "Logiques juridiques"] : "Le timeshare ou la multipropriété échangée - Les nouveaux droits des acquéreurs après la directive C.E. du 26 octobre 1994" (1995).

- Éditions L'Harmattan : "Les vacances en temps partagé - Guide d'achat et d'utilisation". Ouvrage réalisé en collaboration avec Maître Michel Lechau (1996).

- Ediciones universidad de Concepción (Chili) : "La quiebra a través de los tiempos", *Revista de Derecho, Facultad de Ciencias Jurídicas y Sociales* (1996).


ISBN : 2-7384-6490-4

Rapport introductif à la conférence dispensée
à l'U.N.E.S.C.O. (Paris, le mercredi 24 juin 1998).
Cette manifestation culturelle patronnée par l'Association
Française des Experts Scientifiques du Tourisme
(A.F.E.S.T.) et conçue par l'auteur (directeur de projet) a
reçue le soutien du ministre de la Culture et, sous l'égide du
ministère des Affaires étrangères, le portage de la
Commission chargée de représenter les intérêts culturels de
la France à l'U.N.E.S.C.O.

# SOMMAIRE

# EXPOSITION DU PLAN DE CAMPAGNE

## Trois thèmes, un engagement :*

**1°)** L'hébergement touristique à vocation culturelle au service du patrimoine architectural ancien**.

**2°)** Promotion pour l'élévation du tourisme à la culture par l'éducation et la recherche de nouveaux centres d'intérêt.

**3°)** Forum autour d'un concept de vacances en temps partagé ayant pour objectif d'intéresser des investissements touristiques sur le thème culturel et historique de l'architecture d'art ancien autour du patrimoine vernaculaire***.

---

* Pour illustrer ce message porteur d'une promesse, nous avons choisi de reproduire ces quelques mots tirés de l'épilogue du discours prononcé par André Malraux au siège de l'U.N.E.S.C.O. le 8 mars 1960 : *"Il n'est qu'un acte sur lequel ne prévalent ni l'indifférence des constellations ni le murmure éternel des fleuves : c'est l'acte par lequel l'homme arrache quelque chose à la mort"*.

** Est défini comme "patrimoine ancien" tout bâtiment de caractère non protégé au titre des Monuments historiques, mais situé aux abords de monuments classés ou inscrits, en secteurs sauvegardés (ou d'une Z.P.A.U.P.P.), dans des sites protégés de milieu urbain ou rural, lorsque les travaux doivent être exécutés sous le contrôle des services chargés de la protection du patrimoine historique et esthétique.

*** Sous l'égide de l'Association Française des Experts Scientifiques du tourisme, cette étude a été réalisée par Daniel Desurvire, correspondant juridique en France et à l'étranger, membre honoraire de l'Université de Mendoza, consultant extérieur au comité éditorial de la Revista Estudios Universales de la Faculté d'art et de sciences humaines de l'Université de Conceptión, ancien directeur du Centre d'Études Juridiques, Économiques et Politiques (C.E.J.E.P.) à l'Institut Catholique de Paris.

*L'hébergement touristique au secours du patrimoine ancien*

Sous le patronage de l'A.F.E.S.T. (Association Française des Experts Scientifiques du Tourisme, le soutient actif de bourses d'échanges internationales (réseaux procédant à des échanges d'hospitalité entre acquéreurs de périodes d'occupation), la collaboration d'éminents juristes, de l'encouragement du Syndicat des Professionnels du Temps Partagé et de l'Institut du Développement de l'Excellence des Vacances (aujourd'hui fusionnés en Fédération nationale de résidences de vacances) puis également d'opérateurs et de promoteurs immobiliers, l'auteur a jeté les bases d'une conférence permanente ayant pour thème central : *l'introduction de la notion d'hébergement dans le concept du tourisme culturel et la mise en œuvre d'une synergie économico-culturelle entre le tourisme et l'art monumental de proximité.*

Activement constitué de professionnels entrepreneurs (entreprises et artisans), d'experts libéraux, d'enseignants et d'autorités politiques en charge d'une mission publique, ce partenariat a pour mission d'entreprendre et de mener à bon terme, avec éventuellement le concours de la Fondation du patrimoine, l'UNESCO/ICOMOS, l'AFIT et les syndicats corporatifs intéressés, une action de salubrité culturelle en direction du patrimoine vernaculaire gravement exposé au péril du temps, à l'oubli voire la négligence d'un laissé-pour-compte en l'absence de fonds publics réservés à de plus spectaculaires chantiers culturels.

En l'occurrence, ce ne sont ni les illustres cathédrales ni le solide patrimoine fortifié de la Haute histoire qui réclament un action de première urgence, mais plutôt le paysage composite et quotidien de la vieille France. Ce terroir traditionnel borné de lieuxdits à peine cadastrés et creusé de profondes fondations taillées en pierre du pays appartient d'abord à la terre, laquelle supporte toute l'histoire ethnologique de notre société contemporaine.

En vue de procéder à la sauvegarde d'ouvrages monumentaux de facture ancienne revêtant un caractère patrimonial historique, industriel, culturel, légendaire ou pittoresque, un grand nombre de partenaires économiques, administratifs et praticiens libéraux sont désormais résolus à apporter des solutions concertées avec les propriétaires cédants ou bailleurs, les pouvoirs publics locaux, les investisseurs, les associations, les architectes et conservateurs institutionnels. Si la superstructure des édifices le permet, si le milieu environnemental s'y prête, si les moyens mis en œuvre garantissent la préservation architecturale et l'intégrité historique de l'édifice (voir *in fine*, la Charte de Venise), de nombreux et prestigieux bâtiments pourront recevoir des installations en hébergement touristique haut de gamme.

Au surplus, la formule de *vacances en temps partagé* (détention de séjour) assure, à la faveur d'une multitude d'associés utilisateurs constituant l'assise juridique d'un *resort*, des ressources constantes et pérennes (voir bibliographie, deux ouvrages de l'auteur, cité p. 4). Ainsi constituées de confortables disponibilités financières, une société d'attribution d'immeubles en jouissance à temps partagé (loi n° 86-18 du 6 janvier 1986), peut assurer à long terme une réelle autonomie de conservation et d'entretien du monument qu'elle protège, même si celui-ci ne bénéficie ni d'un classement ni d'une inscription à l'inventaire supplémentaire des monuments historiques (MH).

De la sorte, grâce au paiement régulier et garanti par chaque associé de charges annuelles de fonctionnement en échange d'un droit d'occupation entretenu, le bien immeuble est assuré contre toute carence de recette d'exploitation, contre la déconfiture, contre son abandon. En outre, le portage juridique du concept peut se concevoir avec rétrocession du bien au terme d'une concession d'exploitation (emphytéose, bail à construction), moyen qui efface tout sentiment de confiscation du patrimoine.

Dans le fil des objectifs annoncés par la Fondation du patrimoine depuis sa gestation au 3 rue de Valois, laquelle, notamment a pour thèmes la promotion du patrimoine de proximité, la réhabilitation d'immeubles anciens par une réaffectation économique, d'où la croissance de l'emploi en particulier en milieu rural, cette action s'inscrit donc également dans le cadre du développement socioprofessionnel local, grâce à l'auto-financement d'un tourisme culturel au service de la mémoire collective.

En échange, le *Plan Patrimoine et Emploi* devrait ouvrir au profit des investisseurs, dans les limites d'un champ d'application territorial, un financement de la restauration à l'aide d'une subvention de 51% minimum du montant des travaux acceptés aux propriétaires publics ou privés. D'autres mesures incitatives et gratifiantes pourront aussi être mises en place, sachant que l'urbanisme et la fiscalité constituent les deux mamelles du patrimoine monumental français (V. infra, chap. II, § B).

o o o

**Permanence de la Conférence à l'U.N.E.S.C.O.**
***7, place de Fontenoy - 75352 Paris 07 SP***
***Premier forum le mercredi 24 juin 1998*** *

L'accès de chaque manifestation annuelle sera gratuit, mais non libre, car la capacité maximum de la salle de conférence ne permet pas d'accueillir simultanément plus de 250 personnes. En regard d'un accueil limité à ce nombre, les candidats non inscrits, sauf invitation délivrée par l'A.F.E.S.T., doivent en faire la demande avant le 30 mai de l'année en cours auprès de la Coordinatrice ou du Directeur de projet (voir infra, Comité d'organisation). La conférence du 24 juin 1998, la première en date sur le thème annoncé, comportera un double objectif scindé en plusieurs rameaux.

---

* Les horaires, le programme de conférence et la liste des intervenants sont annoncés par voie de presse (Voir la revue Espaces, 2ème publication bimestrielle éd. ETE). À la sortie de la conférence, un service Minitel (36 17 MDT, § 1 : 5,57 F la minute) sera mis à la disposition des personnes morales ou physiques susceptibles de s'inscrire au titre de propriétaire, cédant ou bailleur, dans un programme de travaux et/ou d'exploitation, de proposer une offre de service professionnel, d'assister à titre d'observateur ou de participer activement à cette manifestation.

Le premier devra installer, en doctrine comme en pratique, des éléments nouveaux entrant en adéquation avec le thème cadre du *Tourisme culturel :*

**1°)** fonder une mission d'éducation culturelle permanente dans le secteur d'un tourisme de qualité avec, précisément pour objectif, de convertir ces visiteurs saisonniers en véritables initiateurs et participants aux programmes de sauvegarde et gardiens du patrimoine ;

**2°)** introduire une notion d'hébergement prudente et acceptable, quand au respect de l'intégrité des œuvres de l'histoire, dans l'espace conceptuel du *Tourisme culturel,* avec notamment, une contribution active d'investisseurs traditionnels et particuliers spécialement motivés ;

**3°)** adapter un montage économique participatif dans la gamme des exploitations hôtelières du tourisme (hôtels ou résidences de tourisme) et de la location saisonnière : *Les vacances en temps partagé ;*

**4°)** en amont des chantiers, mettre en place des groupes de travail pluridisciplinaires (architectes, urbanistes, juristes, experts-comptables etc.), comptant sur des professionnels immédiatement opérationnels et autonomes, sur des projets culturels de restauration immobilière et, concomitamment, d'exploitation touristique adaptée ;

**5°)** créer un cahier des charges-type ou une charte nationale (aménageable et perfectible selon l'endroit ou la nature du bien) sous le contrôle d'institutions publiques et le concours d'organismes autorisés de droit privé hautement qualifiés, avec pour principal objectif, d'organiser un partenariat culturel et d'assurer un soutien logistique permanent autour des programmes de construction, de réhabilitation ou de réaffectation ;

**6°)** exporter l'industrie française du tourisme ainsi que les métiers de l'art, des techniques du bâtiment et de l'hôtellerie qui s'y rapportent, comme un instrument de thérapie culturelle dispensateur d'emplois et de revitalisation des campagnes.

Le second objectif de cette réunion vise à intéresser un plus grand nombre de sociétés de portage (promoteurs), d'opérateurs (entreprises d'exploitation), praticiens et de propriétaires (ou mandataires) à œuvrer dans l'intérêt conjugué du patrimoine monumental vernaculaire et du *Tourisme culturel.* Pour ce faire, les débats et les ateliers qui s'ouvriront, au-delà des clivages idéologiques entre pourfendeurs du tourisme et les opérateurs traditionnels, devront se tourner :

**1°**) en direction d'une formation soutenue des bonnes volontés dans une synergie de moyens constructifs sous l'impulsion d'initiateurs intéressés, donc déterminés ;

**2°**) vers une mise en chantier efficace des savoir-faire professionnels, une valorisation récompensée des talents intellectuels et artistiques puis encore ;

**3°**) à la rencontre de nouveaux investisseurs dans les rangs des particuliers utilisateurs (acquisition immobilière, souscription de titres convertibles, cession de valeurs mobilières etc.) comme dans celui des bailleurs de fonds habituels.

Dans le parcours des échanges nécessaires à la construction de ce nouvel édifice conceptuel du tourisme, la sauvegarde architecturale d'anciennes demeures par l'hébergement touristique doit susciter une dynamique d'actions capable de restituer le patrimoine à la propriété légitime des habitants, investisseurs et esthètes qui ont quelque chose à offrir en échange. Or, la culture n'a pas pour vocation d'isoler une chose ou de la condamner à l'oubli dans le seul but de la faire durer. On constate en effet ces derniers mois, une nette évolution des mentalités**,

---

** Colloque national des 15 et 16 octobre 1997 à la Bibliothèque nationale sous le patronage de la DATAR et l'IESA avec pour thème : "Le patrimoine, ultime ressort du développement des territoires ?" Parmi les axiomes de la démarche entreprise par les P.E.P. (Pôles d'Économie du Patrimoine), nous avons relevé dans les pages de l'éditorial :

lesquelles s'ouvrent davantage aux investisseurs privés et à l'intervention touristique dans des domaines jusqu'à ici peu ouverts au partage des initiatives commerciales au demeurant profitables aux collectivités.

Reste encore de nombreux obstacles pratiques et idéologiques à surmonter pour permettre aux initiateurs d'explorer tous les gisements qu'offre le patrimoine architectural de proximité :

- créations d'emplois avec le développement durable et intégré de l'industrie touristique prolongée de ses nombreux secteurs artisanaux et commerciaux ;

- revalorisation des sites et multiplication des métiers de l'art au profit d'une plus large exportation de notre culture et, ouverture plus attrayante à la connaissance de notre histoire ;

- diversifications des pôles économiques et industriel en milieu rural avec pour conséquence un meilleur équilibre des finances publique, vecteur des solidarités locales.

Aujourd'hui, de solides techniques modernes de construction, de réhabilitation, de réaffectation et d'exploitation autorisent bien des aménagements, sans

---

"l'exigence d'une vision contemporaine du patrimoine, tournée vers l'avenir et capable de ne pas se limiter à la simple préservation des sites" ou encore ; "il convient de dépasser la notion de label pour privilégier l'opérationnel, le concret [...] puis accéder rapidement à une phase de mise en œuvre". Rappelons également le colloque (avril 1995) : "Les enjeux du développement touristique et culturel" qui réunissait à Paris plus de 20 collectivités venues présenter leurs actions. Enfin, toujours à Paris : en mai 1995, plus de 100 participants se sont réunis sur le thème "Tourisme, culture et développement" ; et à Saint-Quentin-en-Yveline le 7 novembre 1997, sous l'égide de l'AFEST, le *Forum des hébergement du futur* développa, notamment, la modernité de métiers traditionnels comme la restauration de façade et le goût pour le retour à l'authentique, la couleur local, l'indigène [...] comme éléments de modernité et d'avenir du tourisme culturel.

dommage pour l'ouvrage ni permanence des installations. Ces solutions étaient impossibles à envisager par le passé, alors pourquoi s'en priver dès à présent ?

Le discours, pour conserver son efficience, doit savoir laisser place aux vocations qu'il entraîne et ne pas seulement être entendu pour sa seule connotation intellectuelle ou ses séduisants effets rhétoriques. Une idée peut mourir instantanément s'il n'existe pas tout de suite un décideur pour la matérialiser. Ce pourquoi, nous attendons beaucoup de cette manifestation lorsqu'elle aura cessé de n'être qu'une conférence pour enfin devenir une entreprise déjà en route.

Innovante ou pragmatique, l'entreprise ne doit jamais faire peur, même si à certains égards elle bouscule un ordre, fragilise l'assurance, remet en cause des certitudes. Notre société est balisée de garde-fous et nous en userons comme il se doit pour préserver l'équilibre entre l'excès et l'immobilisme.

*in medio stat virtus*

# CHAPITRE PREMIER

## DES ARMOIRIES AUX ÉTOILES
## LE PATRIMOINE MONUMENTAL ET L'INDUSTRIE HÔTELIÈRE FONT CAUSE COMMUNE

*Il est courant aujourd'hui d'opposer tourisme et culture : le premier est réputé mercantile, le second serait noble. Il y a là incontestablement un paradoxe, car historiquement, à l'origine même du tourisme, est la culture...*

**Catherine Trautmann**
Cahiers Espaces n° 37, page 226.

*Le patrimoine, don du passé pour l'avenir, retient dans ses fondations le fragile témoignage de notre civilisation comme il consolide une permanence de fraternité autour de l'art, antidote de la guerre. Cette manifestation tangible de l'histoire comprend en plus grand nombre, un patrimoine culturel et historique de proximité appelé aussi patrimoine vernaculaire. Plus de 400 000 petits monuments, essentiellement composés d'édifices religieux et de bâtiments ruraux, expriment un événement, incarnent une identité, retiennent la fierté d'une population. Ces ouvrages qui s'inscrivent dans la mémoire du temps et forcent l'admiration des peuples lointains, appellent une action d'envergure nationale pour leur restauration, leur conservation, leur entretien et leur ouverture au public. Ce pourquoi, le tourisme culturel apporte de vraies solutions pour ce patrimoine de caractère, ni classé, ni inscrit, néanmoins retenu dans l'Inventaire général.*

Il y a-t-il congruence entre le tourisme culturel et l'hébergement touristique ? L'usage réservé à la locution *tourisme culturel* condamne, malgré lui, le visiteur à un rôle passif, au sens d'une circulation parfois éclairée d'une visite conférence, d'une projection filmée, d'une librairie et/ou d'une vente d'objets souvenirs (voir infra, note 110). Si l'hébergement des visiteurs relève d'un opérateur extérieur au lieu de visite, peu de propriétaires ou exploitants de monuments architecturaux abritant des trésors de l'histoire se soucient d'héberger leur clientèle de passage.

Pourtant, si les musées, châteaux et sites archéologiques rencontrent d'énormes difficultés financières que même les subventions publiques ne sauraient aplanir, la mutation mercatique du *public* en *client* permettrait tout à la fois de démocratiser la culture en insufflant à cette dernière des moyens plus généreux que Malraux n'aurait pas désapprouvés[1]. L'élite culturelle, invitée à plus

[1] Depuis le secrétariat d'État aux Beaux-Arts, Malraux extirpa la culture (Affaires culturelles) du ministère de l'Éducation nationale. La culture se démocratisa à l'instar de l'école sous

d'hospitalité, gagnerait sûrement à élargir son acuité vers le tourisme de loisir. Il est d'ailleurs fort probable que cette liaison polariserait un public nouveau qui autrement n'aurait pas accédé à cette démarche. Il paraît donc essentiel de rapprocher le monde du tourisme à celui de la culture par un partenariat actif, même s'il faut pour cela rompre avec certains tabous, comme héberger physiquement le public pour plonger les visiteurs en immersion totale.

Le secteur architectural du bâti ancien entre désormais en lice avec les offres touristiques concurrentes. Auparavant consacré rien qu'à la culture, l'usage des monuments de l'histoire comme vecteur de l'industrie du loisir affirme la progression de ce thème, jadis occulté, aujourd'hui mobile du voyage et du temps libre. C'est ainsi que quelques propriétaires de somptueux châteaux médiévaux et renaissants, dont certains sont inscrits à l'inventaire des monuments historiques, ont fait appel à l'industrie hôtelière ainsi qu'à d'autres concepts de loisir, comme la résidence de tourisme ou le Timeshare[2], pour financer la restauration et l'entretien d'un parc immobilier beaucoup trop coûteux

---

Jules Ferry. Ce fut en même temps l'abolition de "la culture cultivée", ainsi qualifiée par Bourdieu, au profit de "la culture du pauvre" qui coïncida avec l'explosion de la société de consommation *(in,* Espaces [éd. E.T.E.] n° 135, sept./oct. 1995 : "Il y a un droit aux vacances *pas idiotes*. Ce type de vacances n'est pas l'apanage de personnes très cultivées et financièrement aisées", propos d'Elisabeth Caillet). V. égal. "La culture au pluriel" de Michel Certeau (éd. Seuil, 1993).

[2] Ce terme mondialement usité qui désigne la formule des *vacances en temps partagé échangées en réseau international* ne doit pas apparaître ici comme un abus terminologique de mots étrangers au sens de la loi n° 94-665 du 4 août 1994. En effet, ni le terme multipropriété (rejeté en France) ni l'expression interminable et pourtant incomplète de *vacances à temps partiel* (directive 94/47 C.E.) ou *à temps partagé* (loi du 6 janvier 1986) ne peuvent traduire un concept partagé et échangé par des millions d'utilisateurs des cinq continents et identifiable dans toutes les langues du monde par ce terme unique et laconique créé par la pratique.

pour ne demeurer, dans sa forme statique, qu'un site culturel à visiter parfois même exsangue de ressources.

L'*Agence française de l'ingénierie touristique* (A.F.I.T.) souleva lors d'une table ronde organisée le 10 décembre 1993, l'opportunité d'un recours au tourisme pour aider à entretenir ces énormes et ruineuses demeures de charme : "À l'image de la demoiselle du moyen âge, laquelle du haut de son donjon attendait le providentiel chevalier servant qui volait à son secours, le château, entreprise à part entière, est à la recherche de son *white knight*". Nous sommes donc loin de l'image évocatrice objectée par certains détracteurs qui estiment que le recours au tourisme, comme moyen de fréquentation lucratif des lieux de mémoire, est une situation dégradante, d'où une forme de parasitisme ou de prostitution du patrimoine (sic). Au-delà des incantations militantes, la conceptualisation du *tourisme culturel* (que l'on associe volontiers à un tourisme doux, vert ou alternatif) vient ainsi à point nommé renforcer l'édifice de nos ouvrages architecturaux anciens, lesquels, pour certains d'entre eux, réclament l'urgence d'une campagne de sauvegarde et de nouveaux moyens juridiques, scientifiques et financiers pour y parvenir.

L'exploitation de ces monuments en établissements d'hébergement touristique (hôtel ou résidence de tourisme)[3] ou en société d'attribution d'immeubles en jouissance à temps partagé[4] constitue pour les investisseurs, industriels et particuliers ayant quelque intérêt dans un tourisme de loisir ou d'affaires, une exploitation particulièrement attractive mais ô combien délicate[5] ! Il s'agit là d'un métier

---

[3] Ainsi le château-étape ou les *relais & châteaux* en France à l'instar du *parador* en Espagne, de la formule *home castle (Historic Houses)* en Grande-Bretagne ou de la *poussada* au Portugal.

[4] Loi du n° 86-18 du 6 janvier 1986 *(Resort* exploité en Timeshare).

[5] Hormis les difficultés techniques issues du respect paysager, de nombreuses interdictions de construire ou de modifier et des servitudes au regard de l'histoire, la réglementation des établissements recevant du public ou d'installations ouvertes

d'expert en ingénierie de loisir culturel, dont la spécificité repose sur les motivations d'une clientèle érudite ou néophyte : les uns parcourus de visions fantasmatiques où l'imaginaire côtoie une ambition doctorale ; les autres plus candides, passionnés entre autres rêveries par des jeux de rôle ; tous ayant besoin d'assouvir cette irrésistible passion pour les choses mystiques nées du *Saint-Graal* et des histoires chevaleresques avec leur rite initiatique.

Lorsque les architectes s'évertuent à accommoder d'un confort discret et chaleureux quelques vieilles pierres seulement habillées de leur histoire, voyons là le miracle d'un tourisme utile qui réhabilite le passé à notre temps, avec ses exigences légales de confort et de sécurité. Il importe que l'industrie commerciale qui exploite une demeure prestigieuse ou un édifice seigneurial, ne dépossède jamais le patrimoine national ni n'en altère son

---

au public, en particulier l'hôtellerie, fixe un certain nombre d'obligations concernant les handicapés : (art. R. 111-19 à R. 11-19-11 du code de la construction et de l'habitation, art. R. 421-5 à 421-5-2 et R. 421-38-20 du code de l'urbanisme) ; la sécurité (arrêtés du 21 juin 1982 [hôtels] et du 30 janvier 1978 [résidences] ; l'hygiène (loi n° 76-616 du 9 juillet 1976 relative au tabagisme et le décret n° 92-748 du 29 mai 1992 modifiant le code de la santé publique [art. 1er à 7, 13 à 15]). Ajoutons également les contraintes liées aux classements des hôtels et résidences de tourisme (arrêtés des 14 février 1986, 24 août 1971, 9 décembre 1965, circulaire du 19 avril 1989), lesquelles présentent bien souvent des incompatibilités en regard des froides et lourdes superstructures des siècles derniers, inadéquates au confort exigé de nos jours. Demeure que de nouvelles techniques permettent désormais de surmonter de tels obstacles grâce à des agencements modulaires, compacts et gigognes (kit extensible, cloison mobile, bloc sanitaire autonome etc.). Grâce à la technique des colonnes verticales et l'interposition de matériaux ayant un pouvoir isothermique performant, des panneaux sont démontables, escamotables, interchangeables selon la configuration recherchée (articulation circulatoire) et la capacité d'hébergement extensible ou rétractable sur demande (métamorphose des espaces, géométrie mutante des surfaces, multifonctionnalité des pièces, etc.).

image. Mais il importe aussi de ne pas décourager l'initiative industrielle du tourisme lorsqu'elle porte secours à ce fragile patrimoine, car l'enjeu en vaut la peine nonobstant les nombreux obstacles juridiques et fiscaux qui jalonnent le parcours alambiqué d'une telle entreprise. Subséquemment, nous nous efforcerons dans le développement de cette analyse, d'apporter la preuve qu'il existe bien une conjonction d'intérêt entre l'architecture d'art et le tourisme culturel, laquelle gomme toute résistance antinomique d'essence intellectuelle. En effet, regrettons l'interprétation décadente des orthodoxes de l'art pour l'art, alors que nous pensons plutôt que l'art fait par l'homme se destine à l'homme. De la sorte, voyons-nous la difficulté de juxtaposer le modèle *fordiste* d'un tourisme de masse avec son traitement standard[6] ou le risque prédateur qui braderait l'art aux syndicats d'intérêt[7], à ce qui constitue l'élite de

---

[6] La banalisation bourgeoise d'un tourisme récréatif ou ludique, dont une approche assez prémonitoire fut esquissée par le philosophe Espagnol Ortega y Gasset en 1937, se conceptualisa à travers le modèle des "4S" : *Sun, Sea, Sand* and *Sex*. Mais il faudra absolument rompre avec le cliché honteux et méprisant qui dissocie encore aujourd'hui les bons visiteurs cultivés de la horde inculte de touristes bruyants ! En effet, le vacancier adopte en général l'attitude qu'il convient suivant le lieu et les circonstances dans lesquels on le plonge.

[7] Entendons ce que pourrait engendrer l'ignorance, donc l'imprudence, par la vulgarisation commerciale d'un produit comme seule source de profit. De sorte, l'éducation de la clientèle, par une touche d'attention qui suscite l'admiration et le respect, est aussi le prix que doit payer l'exploitant s'il veut faire de l'Art, son fonds de commerce. Ce débat oppose bien évidemment les protecteurs de l'art aux promoteurs du tourisme et parfois même de manière assez virulente (empoignade verbale au Forum ATOLS [Versailles], du 17 janvier 1997) ; ces derniers reprochant aux 9 directions du ministère de la Culture un cloisonnement de leurs services sur des domaines de compétence trop morcelés, lesquels bien évidemment ne profite pas aux besoins du tourisme (Voir les actes du Forum ATOLS susdit p. 14).

notre fragile culture qui craint bien évidemment toute source de pollution ou de déprédation.

*Ce pourquoi nous traiterons successivement : [I] les promesses de l'industrie du tourisme dont la potentialité économique doit permettre de répondre aux difficultés inhérentes à la restauration et à la sauvegarde du patrimoine vernaculaire le plus exposé, en particulier les monuments en déshérence ; [II] les garde-fous juridiques avec leur cortège de dispositions réglementaires et administratives contre d'éventuels débordements que pourrait générer l'exploitation en hébergement touristique d'une propriété de l'histoire, au mépris parfois de ce qui en constitue l'essence et justement fait le prestige de son enseigne ; [III] enfin, une troisième partie consacre les principaux partenaires institutionnels et O.N.G. nationaux et internationaux susceptibles d'intervenir activement au cours des différents types de montages d'entreprises en hébergement touristique de qualité au bénéfice d'ensembles immobiliers anciens non protégés.*

## A - Conceptualisation économique de l'art architectural ancien

Afin que le capital architectural ancien se perpétue, il doit pouvoir se transmettre par l'esprit et se gérer comme un bien-fonds productif. Pour ce faire, imaginons un nouveau blason auréolé d'étoiles, lequel pourrait adopter un sceau générique, comme, pourrait-on dire : *châteautel*[8]. De surcroît, pour consacrer cette figure emblématique de l'hôtellerie de château, on imaginerait fort bien la Fondation du patrimoine décerner pour quelques unes d'entre elles le "label Patrimoine de France"[9] destiné à promouvoir et

[8] Ce terme de pure fiction pourrait servir de plate-forme au lancement d'un concept à l'instar du *Château Timeshare,* locution résultant d'une formule tirée de la revue *Network* (automne 1996, Interval International ; voir supra, note 3 et infra, note 44).

[9] Sanctionnant l'intervention de la *Fondation du patrimoine* suivant le 6ème alinéa de l'art. 2 de la loi n° 96-590 du 2 juill.

reconnaître ce patrimoine lorsqu'il ne bénéficie d'aucune protection. Plus concrètement, si l'on veut envisager une symbiose économico-culturelle du patrimoine de proximité, il semble pour le moins nécessaire d'idéaliser cet ensemble sous un rapport nouveau : "l'hébergement culturel" ; si tant est qu'une telle définition, aussi flatteuse pour l'exploitant que difficile à réaliser dans l'espace juridique d'un immeuble protégé et l'enceinte architecturale d'un bâtiment, ne pose dans son application plus de problèmes techniques qu'elle ne serait censée en résoudre[10].

En effet, cet assemblage de deux entités ou leur coexistence contractuelle : l'une abstraite car d'essence culturelle avec une réelle démarche de valorisation (écomusée, itinéraires de découverte, visites-conférences, parc animalier ou paysager) ; l'autre corporelle puisque fondée sur une économie touristique (boutiques, festivals, vernissages et autres expositions thématiques, golf, hôtellerie, restauration etc.), pourrait entraîner des conflits d'appropriation.

On peut craindre que la promotion de certains édifices, qui n'a pas lieu d'être, soit générée par une quelque boulimie industrielle ou drainée par d'autres priorités socio-économiques qui n'ont rien de culturelles : par exemple, la revitalisation du monde rural ou l'étalement de la saison touristique conduite sous l'empire d'une campagne politique, avec la volonté, certes louable, de diversifier le paysage touristique en offrant des circuits thématiques et en réservant un créneau mieux adapté au tourisme d'affaire.

Pourtant, chaque visiteur hébergé draine une synergie d'intérêts spirituels ou artistiques et des moyens matériels, donc financiers, assurément profitables au patrimoine. *Ipso facto,* on admettra que la conscience civilisatrice d'un

---

1996 relative à la Fondation du patrimoine (V. infra, chapitre troisième, § D, II).

[10] Sur ce chapitre, voir en particulier aux éditions l'Harmattan (Paris, 1994) : "Patrimoine, modèles de tourisme et développement local", l'exposition de Jean Gadrey en page 199 et aux paragraphes suivants.

tourisme motivant et enrichissant consacre par sa démarche la valeur artistique dudit patrimoine, alors qu'en retour, celui-ci ressource le visiteur en lui offrant un témoignage d'identité. Certains sociologues tendent aujourd'hui à démontrer que le tourisme culturel a vécu et qu'aujourd'hui, après s'être préoccupé de la valorisation touristique du patrimoine culturel en chassant ses vieux démons, il est temps de se consacrer à la valorisation culturelle du tourisme *(cf.* Patin, *op. cit.* J.-M. Agnus, *in* Cahiers Espaces n° 37, p. 33). À la lumière de cette dichotomie, convenons qu'il ne suffit pas que la collectivité - personnes initiées ou public profane - valorise un objet témoin de l'histoire ou représentatif d'un art pour le considérer aussitôt comme un support patrimonial[11], faut-il encore pouvoir justifier sa légitimité en harmonie avec son milieu naturel ou en rapport à une référence intellectuelle.

Cette approche sociologique comporte des représentations symboliques qui s'appuient d'une part : sur le caractère original d'un bien porteur d'un fragment géographique et/ou généalogique d'une population, lequel bien a pour conséquence de renforcer une culture ou une richesse locale et d'autre part ; sur des stratégies cognitives qui attribuent à ce bien une grandeur sociale susceptible de l'intégrer dans une collectivité plus vaste, donc par projection, d'enrichir cette dernière. Que l'objet en question prenne sa place dans l'espace émotionnel d'une petite communauté rurale, puis régionale, ou qu'il soit reconnu par les plus hautes autorités politiques et culturelles du pays voire par des instances supranationales[12] comme un capital monumental répertorié, il tend à devenir une richesse

---

[11] Selon Henri Ollagnon, le patrimoine serait "l'ensemble des éléments matériels et immatériels qui concourent à maintenir et développer l'identité et l'autonomie de son titulaire par son adaptation en milieu évolutif".

[12] U.N.E.S.C.O., Forum pour les arts et le patrimoine (Union Européenne), Europe information culture (éd. du ministère de la culture, Bruxelles), *Icomos* (organisation non gouvernementale dont une section française siège à Paris) etc, voir chapitre III, § B et suivants.

expansive dont le principal repère demeure la succession des générations d'hommes qui transporta cet héritage magique érigé en patrimoine universel.

Sans que la personnalité sociale du patrimoine ait à en souffrir, une autre valeur vient s'ajouter au patrimoine culturel dès lors qu'il est établi que le bien en question doit faire appel à des agents économiques pour se préserver lui-même de l'érosion de temps. Cette valeur s'établit à hauteur de l'intérêt industriel et financier que suscite un bâtiment ancien (caractère artistique, scientifique, légendaire ou pittoresque), au-devant du syndrome de l'oubli et de la déliquescence, cimetière du temps écoulé[13]. D'un tel projet, il se dégage le coût d'option qu'un repreneur/exploitant se propose de payer pour utiliser (réaffectation ou reprise du fonds existant) - avec profit ou sans but lucratif - un bien immeuble de caractère et, par voie de conséquent, le préserver, l'entretenir et mieux encore l'anoblir. Il s'agira pour l'agent économique d'entreprendre des travaux stimulants et très fortement ancrés sur l'observation historique et culturelle, alors même que le maître d'œuvre destine son programme à d'autres fins professionnelles (hôtellerie, installations de loisir etc.).

Sous cet angle, l'exploitant s'intéressera fatalement à l'aspect économique du patrimoine parce qu'il génère un intérêt inhabituel et valorisant, donc quelque part porteur d'une promesse. Mais la mise en œuvre d'un programme de construction sur un domaine patrimonial protégé pose simultanément les obligations d'une action d'entreprise concertée avec les pouvoirs publics, l'architecte des bâtiments de France (ou l'architecte en chef des monuments

[13] La survivance de nos élégantes demeures ancestrales dépend traditionnellement du musée qui les habitent et de leur savante visite guidée. Figées dans le calme séculaire, tel un cénotaphe, la froide austérité de leurs gardiens ne traduit que rarement leur opulence de jadis, ni même leur suffit à réparer les outrages du temps. À la faveur de l'hôtellerie (tourisme de loisir ou tourisme d'affaires), ces œuvres peuvent retrouver vie et rayonner comme autrefois dans une dignité dépoussiérée et une chaleur retrouvée.

historiques territorialement compétent) et notamment les services patrimoniaux[14]. Par ailleurs, comme dans tout projet de construction sur un domaine protégé, le financement exige une étude d'impact[15] et un plan d'exécution soutenu de solides sûretés pour garantir l'adhésion des bailleurs de fonds au programme. Au surplus, l'opérateur devra respecter un ensemble de règles interdisciplinaires drastiques, sinon d'obligations conventionnelles contraignantes, voire pénalisantes.

La gestion de qualité réclame de plus grands moyens et une observance rigoureuse[16], en particulier lorsque l'action de restauration, d'aménagement et de conservation engagée est promise à un usage touristique intense pouvant avoir des incidences irréversibles sur l'environnement et le bien immeuble lui-même. De sorte, certains monuments pourraient souffrir de l'appétit indifférent d'un tourisme citadin, ni inculte, ni mal attentionné, mais gagné par une attitude désinvolte. À cet égard, le patrimoine de proximité expose davantage sa fragilité à l'imprudence des prédateurs d'art. Plus sobre et plus discret que le trésor monumental classé ou inscrit, le *patrimoine rural non protégé* (P.R.N.P.) reste proche de l'âme paysanne.

Bien qu'il fut pourtant évoqué l'introduction d'un troisième classement, le patrimoine de caractère reste encore méconnu, non totalement recensé et sous-exploité dans l'indifférence politique. Voici exposé la problématique du

---

[14] Les acteurs qualifiés dans un rôle socio-économiques et associés à des œuvres d'art, monuments, ensembles architecturaux, villages traditionnels etc.

[15] Cette étude est réalisée par le pétitionnaire ou le maître d'ouvrage, sauf dans le cas où une personne publique en est réglementairement chargée. Lorsqu'une étude se révèle insuffisante ou incomplète, l'autorisation accordée doit être annulée et la responsabilité de l'autorité qui l'a délivrée engagée.

[16] Moyens financiers et intellectuels comme la science des matériaux et une administration d'entreprise rigoureuse en matière d'évaluation des coûts et du respect du cahier des charges des chartes, des lois et règlements en vigueur.

maintien durable, quoique précaire, de l'équilibre entre les objectifs économiques et la préservation de ressources touristiques non renouvelables. D'ailleurs, le propriétaire des lieux, entrepreneur culturel et gardien du patrimoine s'il le faut, est naturellement tenu d'assurer la charge d'entretien dit "de bon père de famille" de son immeuble classé, comme il préside à l'écotourisme. À terme, l'utile emploi de notre bâti ancien ne manquera pas de générer des effets positifs sur l'économie du pays ainsi qu'au secteur social qui s'y rapporte. En l'occurrence, rappelons que le tourisme est le second employeur de France après le bâtiment et la première industrie nationale en volume du chiffre d'affaires.

## B - Objectifs et faisabilité

L'étendue et la diversité du patrimoine architectural français constitue pour l'industrie des loisirs, un marché d'une qualité et d'une densité presque inégalées au monde. On se souvient que jusqu'à la fin du siècle dernier, l'urbanisme ne se concevait que par l'extension géographique des villes sur la campagne, à l'aide de constructions rarement planifiées et si nécessaire, par la destruction irrémédiable du bâti existant comme le fit entre 1853 à 1870 le préfet de Napoléon III : le Baron G.-E. Haussmann. Eugène Viollet-Le-Duc qui entreprit en son temps la restauration d'un nombre conséquent de monuments du moyen Âge, fut vraisemblablement le précurseur d'une analyse visant à reconnaître l'intérêt et la valeur des vieilles constructions. Bien que le concept de patrimoine culturel restait encore absent des préoccupations d'urbanisme au début du XX^ème^ siècle, la loi Cornudet (1919/1924) introduisit la notion d'embellissement urbain, laquelle côtoyait, sans l'inclure dans ses textes, la loi du 31 décembre 1913 relative à la protection des MH.

Il fallut attendre la loi Malraux du 4 août 1962 (dite "abolition des sacrilèges")[17] pour enfin tisser des liens

---

[17] Le chapitre III du titre 1er du livre III du code de l'urbanisme, modifié en dernier lieu par la loi "aménagement" du 18 juillet 1985 et les textes

structurels socio-économiques entre le droit de l'urbanisme et le patrimoine culturel, quoique quatre-vingt-huit villes de France seulement enferment aujourd'hui un *secteur sauvegardé*[18]. Demeure que l'État n'a pas de vocation naturelle pour intervenir directement en matière de sauvegarde du patrimoine[19], sinon que les collectivités publiques peuvent exercer leur droit de préemption ou d'expropriation au cas par cas et que les ministères concernés accordent avec parcimonie, selon les procédures engagées, des subventions publiques ou des exonérations fiscales (Voir infra, chapitre second, § B).

Par suite, Il fallut encore attendre la loi n° 96-590 du 2 juillet 1996 instituant la Fondation du patrimoine[20] pour

---

réglementaires pris pour son application, a créé un cadre juridique pour les opérations de restauration immobilière.

[18] *Cf.* Pierre-Laurent Fleury, "Loi Malraux. Mode d'emploi" (Coll. Investissement Conseils, Edicom, 1992) ; "Guide des *secteurs sauvegardés*" (Direction de l'architecture, 1997).

[19] On devine aisément quelles sont les difficultés que peut rencontrer le ministère de la Culture lorsqu'il s'agit de s'employer à préserver le patrimoine architectural affecté au ministère de la Défense, lequel représente plus de 150 monuments classés ou inscrits. Pour illustrer cet exemple, les travaux couverts par le secret de la Défense nationale ou de la sécurité militaire sont exemptés de permis de construire et simultanément de déclaration s'agissant du *secret Défense*. De sorte, des interférences ou conflits d'intérêts peuvent naître entre les rameaux ministériels d'un même gouvernement et l'État, juge et partie dans ces querelles intestines. On citera notamment le Fort Saint-Louis (à Fort-de-France), lequel, classé monument historique depuis 1973, ne bénéficia des premières subventions, donc de travaux et d'aménagements qu'en 1997, dès lors que l'autorité militaire autorisa les premières visites sous l'étroite surveillance de la Marine nationale. Certes, la forteresse abrita tout l'or de la Banque de France durant une courte période du dernier conflit mondial. Néanmoins, gageons que cette anecdote de l'histoire n'est plus un secret militaire !

[20] *Cf.* Même auteur, "Une naissance attendue dans le monde de l'art et du tourisme : la Fondation du patrimoine"

qu'une structure juridique *sui generis* naisse et puisse désormais s'employer à gérer, hors des carcans d'un centralisme politique, les individualités de chaque lieu de mémoire projetées dans une dimension nationale. Souvenons-nous que les racines communes de l'entité hexagonale plongent fatalement dans les profondeurs sensorielles des terroirs culturels micro-régionaux ; bassins de vie des traditions populaires et berceau de la paysannerie.

Une loi du 4 février 1995 (n° 95-115) d'orientation pour l'aménagement et le développement du territoire a pour but, notamment : de créer pour chaque citoyen des conditions de leur égal accès au savoir ; de compenser les handicaps territoriaux (désertification des campagnes et déstructuration des communautés rurales) ; et de contribuer au développement culturel. Si la loi n° 82-653 du 29 juillet 1982 portant réforme de la planification avait déjà déterminé les choix stratégiques et les objectifs à moyen terme du développement culturel de la Nation ainsi que les moyens nécessaires pour les atteindre (commissions nationales de planification, document d'orientation, contrats de plan, plans des régions [L. n° 96-142 du 21 fév. 1996, art. 12]), l'article 2 de la loi d'orientation susvisée institue l'élaboration d'un schéma national d'aménagement et de développement du territoire. Ce schéma prévoit la manière dont les politiques de développement économique et culturel [...] concourent à la réalisation de ces orientations croisées, à la mise en œuvre de ces principes et cela, dans le respect des répartitions de compétences entre les villes ou les association de communes, les départements et les régions (L. n° 83-8 du 7 janv. 1983).

Cette réorganisation du territoire fondée sur les notions de bassins de vie, organisés en pays et de réseaux de villes, doit faire l'objet d'une évaluation et d'un réexamen quinquennal sur l'assise d'un schéma national

---

Espaces n° 142, oct./déc. 1996 ; "La Fondation du patrimoine : une institution dotée de pouvoirs exorbitants" La Revue des Huissiers de Justice n° 20 (Éditions Juridiques et Techniques), 15 nov. 1997 et A.J.P.I. (Éd. du Moniteur) n° 12, 10 déc. 1997.

présenté au Parlement sous forme de loi et présenté par le conseil national d'aménagement et de développement du territoire. À partir de synthèses régionales, de réflexions prospectives de groupes de travail du *commissariat général au Plan* assistés des *commissions thématiques nationales*, chaque nouvelle phase de concertation du Gouvernement doit aboutir à l'élaboration d'un projet soumis au Parlement. Dans ce catalogue de mesures instituées par ce schéma directeur, la culture s'identifie comme un facteur de croissance, d'intégration et de rétablissement du lien social. Deux objectifs lui sont assignés : diffuser l'offre culturelle sur tout le territoire ; coordonner les politiques culturelles et de développement pédagogique régionaux.

L'objet de notre attention fait ressortir un renforcement du réseau présent dans les villes petites et moyennes, une accentuation de l'intérêt des pouvoirs publics autour de l'initiative en terme de création ou de placement. À cet endroit, nous insistons plus précisément sur la démocratisation nécessaire de l'investissement immobilier de loisir, direct ou indirect. Cette volonté, qui s'insère parmi bien d'autres objectifs, doit s'accompagner de moyens financiers et intellectuels pour la diffusion (nouvelles technologies de l'information et de la communication), la formation professionnelle artistique ou artisanale (restauration des matériaux, conservation et transmission des métiers pluriséculaires) et l'éducation culturelle (accès aux connaissances et vulgarisation du savoir depuis les richesses patrimoniales à la mémoire collective). À terme, ce schéma accouchera d'un cahier des charges visant à consacrer les résultats attendus.

### C - Efficience d'une opération groupée

Tandis que l'institution des *secteurs sauvegardés* vise au premier chef à conserver le patrimoine architectural et historique de la France ainsi qu'à améliorer les conditions de vie (environnement, habitabilité), la restauration immobilière, laquelle fait l'objet d'aides spécifiques, puise sa force dans l'attrait fiscal qu'elle suscite. Pour ce faire, un programme de construction comprenant une opération de restauration importante doit respecter le formalisme requis à l'article 156-1-3° du code général des impôts, à peine de déchéance du régime de faveur. Ainsi, pour obtenir le caractère d'une opération groupée de restauration immobilière, il faut que celle-ci soit décidée et exécutée à l'initiative d'une commune, d'un organisme public ou d'une association syndicale de propriétaires au sens des articles L. 313-3 et L. 322-2-5° du code de l'urbanisme[21]. Cette réunion de personnes de droit public et/ou privé prendra corps au sein d'une *association foncière urbaine* (A.F.U.)[22], dès lors que les propriétaires réunis en assemblée, décideront de l'exécution des travaux en application des articles L. 322-2, L. 322-5 et L. 322-4-3° du même code.

À ce propos, la Cour de cassation (3ème Chambre civile, 19 juin 1996) rappelle que l'association foncière urbaine libre requiert l'accord écrit unanime des associés. L'administration fiscale quant à elle, subordonne le bénéfice de l'article 156-I3° précité à l'existence d'une initiative effective de la part du contribuable. Cette position serait légitime si la rue de Bercy n'avait pas donné à la notion d'*initiative* inscrite à l'article L. 313-3 du Code de la construction et de l'habitation, une définition plutôt restrictive, aux termes de laquelle seuls peuvent être regardés comme étant initiateurs d'une opération groupée de

---

[21] Un propriétaire, personne physique, qui projette et réalise des travaux de manière isolée ne peut prétendre au bénéfice d'une opération groupée (Conseil d'État, 7ème et 9ème s/sect. du 22 juin 1983 et arrêt C.E. du 11 juillet 1984, requête n° 28 581).

[22] Ces associations syndicales qui trouvent leur fondement dans une loi du 21 juin 1865 peuvent être constituées : librement (sans l'intervention de l'administration) avec le consentement unanime des associés (A.F.U.L.) ; avec l'autorisation du commissaire de la République si une majorité qualifiée de propriétaires le demande ; sous l'autorité des pouvoirs publics (constituée d'office) représentée par le commissaire de la République dans certains cas limitatifs fixés par la loi *(op. cit.* P.-L. Fleury, p. 55).

rénovation urbaine, les contribuables ayant effectivement conçu et proposé ledit programme de rénovation.

Une reconnaissance aussi limitative à l'initiation d'un programme réduit fatalement l'impact de la loi Malraux, laquelle pourtant n'est pas une loi fiscale mais une loi d'urbanisme, puisque sont finalement exclus du bénéfice de ses dispositions tous les investisseurs ayant intégré un projet prédéfini (Cour administrative d'appel, Nancy, 2ème Chambre, 11 avril 1996). Pour parer à cette restriction, la solution proposée par la Cour revient à ajouter une condition supplémentaire à l'initiative, à savoir que les démarches initiales nécessaires aient été effectuées au nom de l'A.F.U.L. (C.A.A. Lyon, 7 mai 1996, voir note J.-E. Skovron, Bull. Joly, novembre 1996).

Ces A.F.U. ont pour mission d'exécuter des travaux de conservation, de restauration et de mise en valeur de tout ou partie d'un ensemble d'immeubles compris dans un *secteur sauvegardé* créé et délimité par l'autorité administrative. Ces interventions sont définies par le plan permanent de sauvegarde et de mise en valeur dudit secteur.

Par ailleurs, ces travaux de réhabilitation et de réaffectation immobilière peuvent aussi être effectués dans un périmètre fixé par l'autorité administrative, dans le but de réparer, d'assainir, d'aménager et d'installer un équipement de confort, de transformer, de déplacer ou d'effectuer des réfections[23]. Il peut s'agir d'une démolition totale ou partielle de construction ou d'une construction additionnelle tendant à moderniser et aménager des espaces libres avec pour conséquence, la transformation des conditions d'habitabilité ou de mise en valeur des bâtiments concernés par le programme[24].

---

[23] Ces travaux sont énumérés aux articles L. 313-4 et R. 313-27 du code de l'urbanisme.

[24] La notion de changement de destination suscite des difficultés d'application quant à l'exigibilité d'une perception fiscale et aux prescriptions de conformité administrative. En revanche, lorsque ce changement ne s'accompagne pas de travaux soumis à permis de construire ou à déclaration, l'opportunité du changement d'affectation

Les propriétaires regroupés au sein d'une A.F.U. bénéficient d'une protection juridique et d'avantages fiscaux propres à une communauté de personnes de droit privé ou de droit public. Sur ce chapitre, seulement les frais d'adhésion peuvent être déductibles du revenu global à l'exclusion des frais de gestion de l'association. Ceux-ci sont couverts par la déduction forfaitaire, elle-même prise en compte pour la détermination du déficit reportable. Cette solidarité génère une action d'intérêt général, alors qu'une action isolée n'aurait pas autant de force ni de légitimité au regard des pouvoirs publics et de l'Administration.

D'ailleurs, si puissante ou si déterminée qu'elle puisse prétendre, l'action isolée ne saurait influencer valablement le cours des événements. On peut craindre de la sorte, à défaut de concertation légitime avec les populations locales ou les associations représentatives et groupements politiques, de réflexions scientifiques et culturelles pouvant déboucher sur la mise en œuvre d'une action universelle ou de partenariat économique solidement ficelé, qu'une intervention individuelle de grande envergure portant sur un monument ancien, donc fragile, conduise à une insuffisance de qualité et/ou de moyens pour assurer la reconstruction sinon la réfection de l'ouvrage, ou à une carence financière quant à l'octroi des crédits et des garanties y afférentes.

Les législateurs de cette fin de siècle ont unanimement convenu que le patrimoine architectural appartient à la Nation et, à l'instar des sites, de la nature ou de l'air (loi "air et énergie" adoptée le 19 décembre 1996), il doit être protégé eu égard à l'intérêt collectif et à la postérité. Faut-il encore redouter la résurgence de destructions massives, comme celles qui eurent lieu tant de fois jadis pour laisser place aux priorités urbaines des temps modernes (percement de grandes voies) ; ou lors des irréparables désastres de conflits (au soir des Versaillais où les insurgés de la Commune mirent le feu à la moitié de Paris), d'incendies (ainsi le centre historique de Lisbonne en 1988, le Windsor Castel en 1992 puis encore Fenice à Venise ou l'aile Paris

---

relève de l'initiative du seul propriétaire et non de l'autorisation des pouvoirs publics.

du Palais de Chaillot) et de catastrophes naturelles (séismes, inondations) ou industrielles (pollutions, explosions).

Dans un message de Roland Silva (Président d'*ICOMOS)* adressé dans l'éditorial du *News 1995-2,* il est question de la création d'une armée du “Bouclier Bleu” qui aurait la garde des monuments de l'homme et des sites naturels. Persuadé de la bonne volonté du monde et de la persistance du syndrome de l'accident, tandis que font rage les feux de la nature et les destructions de la société, cet humaniste espère, d'ici l'an 2 000, réunir une armée de comités de soutient venant de plus de 150 pays, au lieu des 80 existant à ce jour. Gageons que la loi Malraux, la première du genre, puis d'autres éminents ambassadeurs de l'art qui s'inspirèrent de l'œuvre sacrée de l'homme et empruntèrent la voie de la pondération en matière d'urbanisme et de progrès, mettront, ensemble et toujours, la société des hommes à l'abri de la stupidité d'un quelque élu égocentrique qui voudrait, à l'instar des grands de ce monde, laisser à l'histoire une empreinte orgueilleuse de sa personne ou un témoignage idéologique indésirable[25].

---

[25] C'est au nom du modernisme gigantesque et arrogant ou de l'industrialisation érigée en primat, qu'on détruisit irrémédiablement tout un quartier de Metz et le centre historique du Mans, ou que faillit disparaître le vieux Montmartre, le quartier Saint-Séverin, Mouffetard et le village du Marais sauvé *in extremis* en 1965 car classé secteur sauvegardé. Lorsque la ville se reconstruit sur elle-même, elle enfouit à jamais son bien le plus précieux qu'est sa nature tissée d'histoire et de trésors d'ouvrages. L'érection d'un édifice vertical non intégré dans le paysage (Centre *Georges Pompidou, Tour Montparnasse)* même éloigné, peut dévaluer tout un quartier et rompre l'harmonie ou la perspective d'un paysage. Mais parmi les principaux génocides patrimoniaux et démolitions fanatiques parisiennes, souvenons-nous des profanations au XVIIIème siècle, vandalisme qu'un décret révolutionnaire autorisa sur l'autel des symboles ; ou encore des exactions du Baron Georges-Engène Haussmann, lequel, entre 1853/1870 entrepris de détruire de nombreux vestiges du vieux-Paris. Il rasa en totalité le quartier du Châtelet et à 90%, l'île de la Citée (V. Historia, Hors série n° 9710, p. 58).

# CHAPITRE SECOND

## LA PROTECTION JURIDICO-FISCALE DU PATRIMOINE ARCHITECTURAL ET LE TOURISME CULTUREL : L'ADÉQUATION ENTRERA-T-ELLE EN OSMOSE ?

## A - Des règles d'urbanisme renforcées

Le maître d'ouvrage puis l'exploitant d'un édifice protégé devront, chacun dans sa discipline, surmonter de sérieux obstacles avant d'espérer voir aboutir favorablement leur projet. L'hôtellerie de loisir met en mouvement de nombreux services professionnels et chaque prestation est encadrée de droits et d'obligations légales et contractuelles. Ceux-ci sont décuplés dès lors qu'il s'agit d'œuvrer en milieu protégé, sachant qu'il faut alors maîtriser simultanément les métiers de l'art et des sciences humaines en général, de la technologie du bâtiment en rapport aux normes de confort et aux règles de sécurité (voir supra, note 5). *A fortiori,* ces règles s'imposent lorsque des facteurs incontournables réclament une haute technicité pour ne pas contrarier les impératifs qu'exigent le maintien des façades (voir infra, note 46), le plan d'alignement[26], le respect du site (covisibilité), l'équilibre environnemental et les limites tolérables d'un usage public et commercial sans risque de nuire au prestige ni à la destinée d'un MH avec son milieu culturel immédiat[27].

Lorsque des travaux de gros œuvre portent sur des bâtiments existants qui présentent un intérêt patrimonial

[26] Si la servitude de reculement frappe un MH classé ou inscrit à l'inventaire supplémentaire, ou qu'un immeuble protégé entre dans le champ de visibilité d'un édifice classé ou inscrit, le plan d'alignement ne peut être adopté que sur l'avis du directeur des affaires culturelles dans le premier cas, sur celui du ministre de la Culture ou de l'A.B.F. dans le second cas.

[27] *Cf.* Georges Teilliais "La protection des abords des monuments historiques" (A.J.P.I. n° 12, 10 déc. 1997). Ces mesures comportent notamment une protection des abords du MH sur un périmètre de 500 mètres, des interdictions d'afficher à moins de 100 mètres (loi n° 79-1150 du 29 déc. 1979), de camper (art. R. 443-9 C. urb.) de détruire, de déplacer ou de modifier selon le cas (art. L. 313-1 al. 5 C. urb.) et un certain nombre d'obligations (droit de visite, exploitation réglementée, C.G.I. annexe IV, art. 17*ter.)* liées à l'octroi d'avantages fiscaux s'inscrivant dans le cadre de lois de programmation pluriannuelle et de dotations diverses.

d'ordre culturel et historique, la réglementation du permis de construire retient des aspects spécifiques. Ainsi, les travaux de restauration (sauvegarde, réhabilitation à la visite, entretien) exécutés sur des immeubles classés ou inscrits à l'inventaire supplémentaire des MH, sont d'ordinaire soumis à une législation renforcée et à une réglementation drastique quant aux contrôles exercés par des fonctionnaires du patrimoine (A.B.F., vérificateurs).

S'agissant des *immeubles classés*, les travaux portant sur leur édifice sont exemptés de permis de construire[28]. Loin de faire disparaître tout contrôle, cette dispense est relayée par une autorisation préalable du représentant du ministre de la Culture[29], nonobstant une déclaration obligatoire qui permet de vérifier la régularité des travaux[30]. De sorte, la Commission départementale d'urbanisme (le pétitionnaire) a compétence pour s'opposer aux travaux dans le mois[31]. Néanmoins, l'exception de permis ne concerne que les travaux ne nécessitant pas un permis de construire[32]. La contribution de l'État représente 50% des travaux ou plus avec l'aide du Conseil général ou régional.

Les travaux concernant des *immeubles inscrits* sont soumis à une déclaration préalable suivant l'article 2 de la loi du 31 décembre 1913, lequel prévoit l'obligation des

---

[28] Article L. 422-1 du Code de l'urbanisme dans sa rédaction issue de la loi du 6 janvier 1986.

[29] Article 9 de la loi du 31 décembre 1913 sur les monuments historiques et sites. Le rôle de l'A.B.F. demeure dans bien des cas prépondérant, quant à l'assistance technique et les autorisations qu'il dispense sur le terrain.

[30] Article R. 422-2b du Code de l'urb. (Permis de construire, exception au régime général).

[31] Article L. 422-2, 2ème alinéa du même code (Permis de construire à titre précaire).

[32] *Cf.* Charles Albouy : "Les nuances de la réglementation des travaux sur les immeubles existants", Les Petites Affiches n° 86 (éd. spéciale) du 17 juillet 1996. Voir également : "Dalloz Immobilier, Urbanisme" n° 5731 (MH) et n° 8478 (Restauration immobilière).

intervenants : "de ne procéder à aucune modification de l'immeuble ou partie de l'immeuble inscrit, sans avoir, quatre mois auparavant (loi du 27 août 1941), avisé le ministre des Beaux-Arts de leur intention et indiqué la nature des travaux qu'ils se proposent d'effectuer". Le ministre ne peut s'opposer à ces travaux de réhabilitation qu'en engageant la procédure de classement[33]. Dans le but d'assurer le meilleur contrôle desdits travaux, ceux-ci sont soumis à une autorisation de permis de construire, y compris les travaux entrant dans le champ de la déclaration préalable. La participation de l'État est plafonnée à 40% (± 15%) des travaux hors subvention contributive de la région.

Les opérations de *restauration immobilière* comprennent les travaux de remise en état, de modernisation ou de démolition partielle ayant pour conséquence de transformer les conditions d'habitabilité de l'immeuble. Elles sont soumises aux articles L. 313-4*ss* *et* R. 313-24*ss* du Code de l'urbanisme. Ces opérations sont entreprises dans un périmètre fixé par autorisation administrative prise après enquête publique et sur avis favorable de la ou des communes intéressées (regroupées en syndicat intercommunal) ; soit conformément aux dispositions relatives à la rénovation urbaine, soit dans les conditions qui seront fixées par un règlement d'administration publique[34].

Au surplus, Même si la commune est dotée d'un *plan d'occupation des sols* (P.O.S.) ou d'un *plan d'aménagement de zones* (P.A.Z.)[35], les travaux à effectuer

[33] Conseil d'État, 2 janvier 1956 (Croz, Recueil Lebon, p. 4).

[34] Articles L. 313-3 et L. 313-4 du Code de l'urbanisme.

[35] Les P.A.Z. comme les Z.A.C. (zone d'aménagement concertée) constituent des dossiers instables soumis à de constantes modifications. En l'absence d'une liste exhaustive des sites et paysages remarquables suivant les articles L. 146-6 et R. 146-1 du Code de l'urbanisme, la question, à savoir si tel lieu constitue un site ou un paysage remarquable à conserver, est un problème d'appréciation relevant de la compétence des juridictions administratives. Ainsi, tant qu'il n'est pas annulé, un P.O.S. permet la construction à l'intérieur du périmètre d'une Z.A.C. dans la mesure où les

dans un périmètre de restauration immobilière, après avis favorable du conseil municipal, sont soumis à une autorisation spéciale du Commissaire de la République. Cet agrément délivré par arrêté préfectoral équivaut *de facto* à un permis de construire[36].

Une collectivité ou un établissement public dispose également du pouvoir de réaliser de telles opérations. Cependant, cette autorité administrative devra à son tour obtenir l'accord de la commune intéressée ou de *l'établissement public de coopération intercommunale* la représentant (E.P.C.I.). Enfin, les immeubles compris dans le périmètre d'un *secteur sauvegardé* peuvent faire l'objet d'une communication indépendante débouchant sur une autorisation spéciale, dès lors que ces opérations sont réputées compatibles avec le *plan de sauvegarde et de mise*

---

dispositions du P.A.Z. sont respectées (C.A. Paris, 27 mars 1997). Le nouvel article L. 146-6 susvisé (loi Littoral) a entendu protéger *les sites et paysages remarquables ou caractéristiques du patrimoine naturel et culturel,* outre d'autres milieux définis d'une manière tout aussi vague, car, à ce jour, même le décret du 20 septembre 1989 complété le 25 août 1992 ne comporte aucune liste. À ce propos, la circulaire du 10 octobre 1989 s'en explique (Mon. T.P., 24 nov. 1989). Les services de l'État sont priés d'identifier les espaces de ce genre (instruction du 2 oct. 1991). V. *Petites affiches* n° 140 du 21 nov. 1997 (p. 17ss.) : "La pochette-surprise des sites remarquables", de Georges Liet-Veaux.

[36] Article R. 313-2 du même code. La loi n° 97-179 du 28 février 1997 relative à l'instruction des autorisations de travaux dans le champ de visibilité des édifices classés ou inscrits et dans les *secteurs sauvegardés* ajoute : "1°) En cas de désaccord entre l'A.B.F. et le maire ou l'autorité compétente pour délivrer l'autorisation [...], le représentant de l'État dans la région émet, après consultation de la commission régionale du patrimoine et des sites, un avis qui se substitue à celui de l'A.B.F. ; 2°) Le ministre de la culture peut évoquer tout dossier dont l'A.B.F. ou le représentant de l'État dans la région est saisi. L'autorisation ne peut alors être délivrée qu'avec son accord". Ces dispositions sont reprises à l'art. 13*bis* de la loi du 31 déc. 1913.

*en valeur* desdits secteurs présentant un caractère historique, esthétique ou de nature à justifier la conservation, la restauration et la mise en valeur de tout ou partie d'un immeuble bâti.

## B - Les motivations fiscales et autres aides financières incitatives et gratifiantes

Les travaux de restauration peuvent donner lieu à des participations financières de l'État, lesquelles sont variables. Ces aides sont parfois élargies lorsque les propriétaires sont admis, au regard de la charge patrimoniale qui leur incombe, dans une catégorie exceptionnelle, dite défavorisée. L'aide de l'État n'emporte pas une exclusivité de participations venant d'autres collectivités publiques (municipale, départementale ou régionale). Ces subventions nationales ou territoriales sont décidées au cas par cas, après étude de chaque dossier. Elles atteignent un taux de participation propre à la catégorie qui les protège.

Dans le cas où le propriétaire assure la maîtrise d'ouvrage des travaux, il commande le projet de restauration à l'architecte en chef des MH. Sur proposition de ce dernier, il consulte et sélectionne les entreprises aptes à réaliser les travaux projetés ( voir *in fine* liste Qualibat). Il attribue les marchés après l'offre de soumission.

L'État lui notifie la participation financière sollicitée sous la forme d'un arrêté de subvention pris par le préfet de région, après approbation par ce dernier du programme annuel des travaux établi sur proposition de la Direction régionale des affaires culturelles. Les travaux de réhabilitation peuvent alors être engagés sous réserve d'en avoir obtenu préalablement l'autorisation administrative.

Le recours à l'architecte en chef des MH territorialement compétent est obligatoire en cas d'aide financière de l'État. Dans le cas où l'État assure la maîtrise d'ouvrage de l'opération de restauration, une convention est directement passée entre le propriétaire du bien et le fonctionnaire chargé du projet, arrêtant le montant de la participation financière ainsi que les conditions de l'octroi et les modalités d'exécution du chantier. En outre, l'État prend en charge la gestion de l'opération.

Le propriétaire, occupant ou non un immeuble protégé, bénéficie d'un régime fiscal particulier qui lui permet de prendre en compte les charges foncières qu'il supporte dans des conditions plus favorables que celles relevant du droit commun[37]. Ce régime spécial s'applique aux immeubles classés monuments historiques, aux immeubles inscrits à l'inventaire supplémentaire et aux immeubles d'un régime fiscal assimilé qui font partie du patrimoine national à raison de leur caractère historique ou artistique particulier et qui font l'objet d'un agrément spécial accordé par le ministre de l'Économie et des Finances[38].

Ces charges foncières supportées par les propriétaires de MH peuvent être admises en déduction : soit en totalité du revenu foncier procuré par l'immeuble, lorsque celui-ci donne lieu à la perception de recettes locatives imposables et n'est pas occupé par son propriétaire (bail minimum de six ans) ; soit du revenu global du propriétaire dans les conditions et limites fixées par les articles 41 F et 41 I de l'annexe III au C.G.I., lorsque l'immeuble ne procure

[37] Mémento pratique. Francis Lefebvre immobilier (urbanisme - construction) § 1020 et suiv.

[38] Tandis que le classement a pour effet de soumettre à l'autorisation préalable toute mesure qui risquerait de nuire à la bonne conservation de l'immeuble ou du site et de contraindre éventuellement le propriétaire à prendre des dispositions nécessaires à cette conservation (travaux de réparation exécuté même d'office, voire expropriation du bâtiment en péril), l'inscription à l'Inventaire oblige seulement le propriétaire à informer l'administration des modifications qu'il envisage. Celle-ci peut alors lui accorder un sursis en vue de procéder au classement. À l'égard du public, la protection du monument et du site est également assurée dans un périmètre de protection couvrant jusqu'à une certaine distance le champ de visibilité. À l'intérieur de cet espace, toute mesure altérant l'équilibre des abords et notamment, l'affichage publicitaire, est soumis à autorisation. L'ensemble de cette réglementation est assorti de sanctions pénales (V. Dalloz, 2ème éd. 1994, Droit immobilier p. 142).

aucune recette (ni visite, ni musée, ni boutique). Ces dispositions peuvent être appliquées à des immeubles non protégés mais faisant parti du patrimoine national en raison de leur caractère historique ou artistique particulier, sous réserve d'un agrément spécial accordé par le ministre du budget (art. 41 H du C.G.I. et 17 A de l'annexe).

Dans l'hypothèse de l'exploitation commerciale d'un immeuble protégé, les règles générales de détermination des revenus fonciers fixées aux articles 28 à 31 du C.G.I. s'appliquent aux immeubles loués en totalité, ainsi qu'aux immeubles qui ne sont pas donnés en location mais qui donnent lieu à la perception de recettes accessoires sans que le propriétaire les occupe. La prise en compte de travaux de restauration, de réparation et d'entretien des immeubles donnés en location s'effectue : directement par le service des monuments historiques, le propriétaire étant alors appelé à verser une participation ou à rembourser une partie des dépenses ; ou par le propriétaire, dûment autorisé, cette solution pouvant donner lieu à l'octroi d'une subvention versée par l'administration des Affaires culturelles, ou par une collectivité publique, ou par un organisme de droit privé qui désormais pourra être la Fondation du patrimoine.

Lorsque l'immeuble est productif de revenus et occupé par son propriétaire, il convient de faire application : soit des règles concernant les revenus fonciers pour la détermination du revenu net correspondant aux recettes encaissées ; soit du régime spécial avec déduction sur le revenu global, en ce qui concerne les dépenses qui n'ont pas été prises en compte pour le calcul du revenu net foncier et qui se rapportent à la partie de l'immeuble dont le propriétaire se réserve la disposition. Les propriétaires de monuments historiques ne sont astreints à des obligations que s'ils bénéficient d'un régime spécial de déduction[39].

---

[39] Imputation directe d'une quote-part des charges foncières sur le revenu global : 100% de la part à la charge du propriétaire des travaux subventionnés effectués sur le monument ; 100% des frais résultant de l'ouverture du monument à la visite ; 100% des autres charges si le monument est ouvert à la visite ; 50% des autres charges si le

Ces obligations qui se superposent le cas échéant à celles qui incombent à tous les propriétaires fonciers[40] sont de deux natures : *primo,* tous les propriétaires doivent joindre à leur déclaration de revenus une note indiquant le détail des sommes dont la déduction est demandée ainsi que la date de la décision de classement ou d'inscription ; *secundo,* les propriétaires d'immeubles (MH) ouverts au public doivent joindre à leur déclaration annuelle de revenus un récépissé de la déclaration des conditions d'ouverture et de visite de leur immeuble.

Une loi n° 88-12 du 5 janvier 1988 relative au patrimoine monumental prévoit à l'article 5 (C.G.I., art. 795 A) l'exonération de droits de mutation à titre gratuit des transmissions par décès et des donations portant sur des immeubles classés ou inscrits, dès lors que les héritiers, les donataires ou les légataires ont souscrit avec l'un des ministères respectifs de la Culture ou des Finances, une convention à durée indéterminée prévoyant, entre autres conditions (Décret n° 95-948 du 25 août 1995 pris pour l'application des 3ème et 4ème alinéas de l'art. 795 A du C.G.I. et modifiant l'annexe III de ce code), les modalités d'accès au public ainsi que les conditions d'entretien des biens exonérés. Dans le cas où le MH est détenu par une société civile immobilière (S.C.I.), cette exonération s'ouvre désormais à ce type de société constituée uniquement entre personnes parentes, dès lors qu'elle n'est pas soumise à l'impôt sur les sociétés (I.S.).

Cette loi de programme présente cependant une énorme difficulté quant au terme accidentel de ladite convention, dès lors qu'interviendrait une séparation et/ou le bien serait vendu. L'Administration réintroduit derechef dans l'assiette la valeur actualisée du droit de mutation avec

---

monument n'est pas ouvert à la visite ; exonération totale des droits de mutation à titre gratuit (succession et donation), subordonnée à la passation d'une convention-type entre l'État et les héritiers.

[40] Notamment les justifications sur pièces comptables et techniques de la nature des travaux et du montant des dépenses dont la déduction est demandée.

intérêts et pénalités (0,75 % par mois, soit 9 % par an). On imagine fort bien qu'au bout d'un certain nombre d'années, le monument pourrait alors cumuler plus de dettes fiscales que ne couvrirait sa valeur. Ce pourquoi, six années plus tard, une réforme portant diverses dispositions d'ordre financier (loi n° 94-679 du 8 août 1994 modifiant la loi n° 92-1477 du 31 décembre 1992) a introduit l'exonération fiscale aux parts de sociétés civiles immobilières à caractère familial seulement imposées aux revenus fonciers (ainsi décrit en fin de paragraphe précédent).

Les conditions à cette exonération sont au nombre de quatre :

- les membres de la société doivent exclusivement être parents en ligne directe, entre frères et sœurs, leurs conjoints et/ou leurs enfants ;

- la société doit gérer elle-même le MH (avec l'identité connue du propriétaire) et les meubles qui s'y rapportent ;

- le défunt ou le donateur doit détenir des parts dans la société pendant au moins deux ans avant la mutation ;

- les héritiers doivent conserver les parts pendant cinq ans au minimum à compter de la transmission à titre gratuit (décès ou donation).

Voyons ici une mesure fiscale intelligente car appropriée. L'ouverture qu'elle offre aux personnes intéressées par l'investissement monumental classé ou inscrit répond simultanément aux problèmes qui résultent de la vie familiale, ses accidents et son parcours parfois chaotique, puis propose une solution pérenne d'investissement et de diffusion du patrimoine probablement plus durable que suppose la vie d'un couple (voir "Petites affiches n° 116 du 26 septembre 1997, p. 19, "La famille, le MH et le fisc" de Catherine Rigambert).

En regard de la loi de finances pour 1998 (n° 97-1269 du 30 déc. 1997), peu de changements sont intervenus autour des MH (classés ou inscrits), sinon une mise au point en rappel des dispositions existantes. En premier lieu, ces catégories de contribuables, qu'ils soient propriétaires occupants ou nus-propriétaires d'immeubles donnés en location, dès lors que leurs revenus ouvrent un droit à l'imputation des déficits sur le revenu global sans limitation de montant (C.G.I., art. 156-I-3°, 1er alinéa), sont exclus du régime d'imposition simplifié. Pour ces nus-propriétaires bailleurs, les travaux pris en charge par ceux-ci relèvent des dispositions de l'article 605 du Code civil. Ainsi, rappelons que les grosses réparations pourront être imputées en totalité sur le revenu global lorsque le démembrement de propriété de l'immeuble résulte d'une succession ou d'un legs, effectué sans charge ni condition et consentie entre parents jusqu'au 4ème degré inclusivement (V. Revue de droit fiscal, Juris-Classeur n° 1-2 du 7 janv. 1998, p. 22).

S'agissant de l'institution des *secteurs sauvegardés* (loi n° 62-903 du 4 août 1962) représentée par la direction du Patrimoine et la direction de l'Architecture, la procédure demeure essentiellement étatique et les effets de la décentralisation sont très limités[41]. Le *plan de sauvegarde et de mise en valeur*[42] est régi par la législation des *plans d'occupation des sols,* à l'exception de certaines dispositions expressément déclarées inapplicables par la loi. Enfin, les demandes de permis de construire sont soumises à l'architecte des bâtiments de France. Quant aux opérations

---

[41] Chez nos voisins germaniques, la culture est l'affaire de chaque *land* puisqu'il n'existe pas de ministère fédéral des affaires culturelles. En Grande-Bretagne, c'est le *National Trust of Historic Interest or Natural Beauty,* premier propriétaire foncier du pays, lequel détient la plupart des joyaux architecturaux du Royaume. Aux États-Unis, 10% du budget de la culture sont alimentés par les pouvoirs publics, le principal étant financé par des investisseurs privés. La France, depuis Malraux, est l'un des rares pays au monde à posséder une vraie politique budgétaire dans ce domaine.

[42] Le P.S.M.V. est le document d'urbanisme applicable dans le secteur. Il doit être compatible avec les directives territoriales d'aménagement ou les lois d'aménagement et d'urbanisme et les orientations des schémas directeurs et de secteur (V. circulaire n° 78-15 du 17 janvier 1978).

de conservation, de restauration et de mise en valeur d'immeubles, elles peuvent porter dans le périmètre d'un *secteur sauvegardé*, voire sur un immeuble dont le caractère n'est pas assez exceptionnel pour appliquer les mesures prévues dans lesdits secteurs, mais dont la qualité justifie l'accomplissement de travaux de restauration. Il s'agit surtout d'une alternative à l'aliénation d'office d'un immeuble par voie de préemption ou d'expropriation.

En règle générale, les déficits fonciers peuvent seulement venir en déduction des revenus fonciers des cinq années suivantes (Inst. 5 D-3-95 du 24 février 1995).

Ce principe[43] comporte trois exceptions :

**1°**) l'imputation sur le revenu global des déficits fonciers plafonnés autres que ceux provenant d'intérêts d'emprunt ;

**2°**) l'imputation de déficits matérialisés par des dépenses portant sur des immeubles classés MH ;

**3°**) l'imputation des déficits provenant d'opérations réalisées dans le cadre de la loi "Malraux" (art. L. 313-1 à L. 313-15 du Code de l'urbanisme).

Le régime d'imputation des déficits fonciers ne peut s'appliquer que pour des immeubles affectés à usage d'habitation situés dans un *secteur sauvegardé* ou dans les *zones de protection du patrimoine architectural, urbain et paysager* (voir plus bas les Z.P.P.A.U.P.). À ces conditions cumulatives, s'ajoutent l'inscription de

---

[43] Qui résulte de l'art. 156-I-3° modifié du C.G.I. (depuis l'imposition des revenus de 1993, puis celle de 1977, les opérations groupées de restauration immobilière ont été fiscalement encouragées [Inst. 5 D-5-95 du 17 mai 1995]). Les charges déductibles définies à l'article 31-I-1° du C.G.I. sont : les travaux de démolition ; les frais d'adhésion à une A.F.U. ; les travaux de reconstruction de toiture, de murs extérieurs ou de transformation en logement de tout ou partie d'un immeuble. Selon le cas, les travaux concernés doivent être prévus par le P.S.M.V. ou la déclaration d'utilité publique.

l'immeuble dans le cadre d'un *plan de sauvegarde et de mise en valeur* (P.S.M.V.), l'autorisation spéciale de travaux, sachant que ceux-ci doivent être accomplis sous la conduite du ou des propriétaires dudit bien.

S'agissant de travaux qui ne peuvent prétendre au bénéfice de la loi Malraux (hors *secteurs sauvegardé,* Z.P.P.A.U.P., P.S.M.V. etc.), les dépenses restent néanmoins déductibles des bénéfices fonciers du contribuable. Dans ce cas de figure, le plafond d'imputation (de l'excédent éventuel) sur l'exercice sur le revenu global des déficits fonciers qui proviennent des dépenses, autres que les intérêts d'emprunt, fut porté à 70 000 francs par la loi de finances pour 1995.

Mais dans le cadre de la loi Malraux ; sont imputables sur le revenu global sans limitation de montant (art. 40 de la loi de finances [n° 94-1163] rectificative pour 1994), la part du déficit foncier reportable, toujours hors intérêts d'emprunt, résultant de l'ensemble des charges déductibles en application de l'article 31 du Code général des Impôts. Enfin, soulignons qu'une autorisation préfectorale spéciale (autorisation expresse : art. L. 313-2, L. 313-3 et L. 313-4, R. 313-25 à R. 313-29 du C. de l'urb.) doit obligatoirement être délivrée avant le commencement des travaux, laquelle détermine le régime fiscal applicable (C.A.A. Paris, 5 mai 1994 et 4 avril 1997 ; C.A.A. Nantes, 20 janvier 1993 ; C.A.A. Nancy, 3 juin 1993).

On regrettera cependant que ce régime de faveur exclut les locations en meublé ou destinées à un usage autre que l'habitation principale et ce, pour une durée incompressible de six ans, le contrat devant prendre effet dans les douze mois suivant l'achèvement des travaux. De même que cette déduction, sous l'empire de la loi Malraux, ne concerne pas les travaux portant sur une restauration partielle, sauf lorsque les autres parties de l'immeuble ne nécessitent aucune intervention. Au surplus, le bénéficiaire doit être propriétaire de tout l'immeuble, ou à défaut, de l'ensemble des parties de l'immeuble qui exigent une restauration complète du bâtiment. En final, on retiendra que l'imputation sur le revenu global ne concerne que les personnes imposables à l'impôt sur le revenu dans la catégorie des revenus fonciers ; qu'ils soient propriétaires à titre personnel ou associés d'une société immobilière (qui en est propriétaire) non soumise à l'impôt sur les sociétés.

À ce propos, les dispositions de la loi de finances pour 1998 susvisée rappelle que les contribuables détenant des immeubles bâtis dans certains secteurs sauvegardés ainsi que dans les Z.P.P.A.U.P. ayant fait l'objet d'une opération de restauration immobilière, sont exclus du régime d'imposition simplifié. On comprendra que le bénéfice de dispositions dérogatoires donnant droit à déduction des revenus fonciers sur certaines dépenses (CGI, art. 31-I-1° b *ter* et b *quater*) et l'imputation des déficits sur le revenu global sans limitation de montant (CGI, art. 156-I-3°, 2$^{e}$ et 5$^{e}$ alinéas), n'est guère compatible avec le régime simplifié qui s'accorde mieux avec le régime de droit commun. Cependant, ce régime pourra être accordé dès lors que le contribuable, sorti de la période pendant laquelle il bénéficia des dispositions dérogatoires, en fera la demande, ou qu'il renoncera à ces dispositions établies au titre des années postérieures à la période d'application de son régime de faveur (op. cit., Revue de droit fiscal, p. 23).

Sur le terrain, la réalité n'apparaît pas toujours aussi carrée que la réglementation évoquée plus haut. De sorte que les subventions légitimement accordées après classement et ouverture au public attendront, en général, d'interminables délais avant de parvenir à leur ayants droit et, qu'il est plus sage de compter sur un statut fiscal que sur une hypothétique offrande de l'État. Pour illustrer cette observation, soulevons le cas, vraisemblablement unique en France, du château d'Uriage (X$^{ème}$ et XIII$^{ème}$ siècles), forteresse médiévale des ancêtres du Chevalier Bayard, classé MH par arrêté du 6 février 1990. Le château fut restauré à l'aide de fonds privés puis mis en vente sous le régime de la copropriété des immeubles bâtis (loi du 10 juillet 1965). Ce cas de figure demeure éminemment étonnant en regard de la rigidité apostolique de certains locataires du 6 rue de Valois, plutôt hostile à la mise en habitation voire l'exploitation hôtelière à l'intérieur des édifices classés ou inscrits à l'inventaire supplémentaire.

À grand renfort d'allégements fiscaux, la vente de ce prestigieux programme immobilier permit aux acquéreurs : de déduire 70% de leur investissement sur la totalité des travaux de réparation et d'amélioration ; de décompter du revenu imposable la totalité des charges financières (intérêts d'emprunt, prime d'assurance-vie liée au prêt, frais de dossier et d'actes, taxes foncières, frais d'entretien courant des parties communes [...] ; d'échapper à la C.S.G. sur les déficits générés par cet investissement ; d'être exonéré des droits de donation et de succession sous certaines conditions ; de ne pas se trouver à la merci des caprices d'une loi de finances supplétive puisque l'investissement relève d'un statut fiscal ; enfin de bénéficier de possibilités de reventes facilitée puisque la défiscalisation est attachée à l'édifice, ce qui permet à chaque nouveau propriétaire d'en hériter à leur tour.

Mais la copropriété ainsi vécue ne permet aucune ouverture aux visites publiques puisque les appartements sont occupés par des personnes privées non exploitant et, qu'en l'occurrence, il n'existe aucun aménagement pour ce faire. Il n'est donc pas possible, en l'occurrence, pour la copropriété de retirer quelque subvention du ministère de la Culture attachée à ce type de servitude. Cependant, il est notoire que la lenteur des versements desdites subventions (7 ans et parfois davantage !), lorsqu'elles sont accordées, n'autorise pas les copropriétaires à compter sur de telles recettes pour le moins hypothétiques, sinon illusoires.

Avoir obtenu la faveur des locataires du Palais Royal ou échappé à sa vigilance relève déjà d'une gageure, lorsque l'on sait que l'immeuble aurait tout aussi bien pu faire l'objet d'un droit de préemption ou être frappé d'une mesure d'expropriation. Or, les Monuments historiques appartenant en propre à l'État français, donc détenus et gérés par la Direction du patrimoine, souffrent déjà cruellement des mêmes difficultés s'agissant des subventions qui n'arrivent jamais... ou trop tard. On comprendra mieux pourquoi ce revirement des mentalités qui amène ostensiblement les conservateurs et les élus locaux à se tourner vers le secteur privé pour enfin devoir accepter - car il ne s'agit pas là de vendre son âme au Diable - une recette économique durable comme cela est le cas pour l'exemple ci-dessus exposé. Il reste à espérer que la solution des hébergements touristiques sera également perçue comme une alternative profitable pour une part importante du parc immobilier ancien principalement situé en milieu rural, celui qui nous vient des replis de l'histoire.

### C - Une étonnante application sur le terrain : le *Timeshare*

Nous disposons en France de quelques précieux exemples de réussite économique issus du mariage de l'art architectural ancien avec l'industrie de l'hôtellerie ou de la propriété-vacances (voir supra, note 3 et infra, note 44). L'industrie hôtelière traditionnelle et la résidence de tourisme sont deux formes d'exploitations éprouvées, lesquelles, dans ce domaine ont fait leur preuve avec plus ou moins de succès selon le type de montage juridique adopté, l'efficacité du réseau commercial auquel l'exploitation s'est rattachée (guide, catégorie, distinction etc.) et le lieu d'implantation du bâtiment.

Or, une nouvelle forme d'exploitation est apparue ces deux dernières décennies, laquelle constitue sans nulle doute une nouvelle piste intéressante : le *Timeshare*. En l'occurrence, une demeure de charme, un hôtel particulier ou autre prestigieux monument architectural ancien peut aujourd'hui accueillir dans ses murs ou à l'intérieur d'une dépendance attenante au domaine, une société d'attribution d'immeubles en jouissance à temps partagé (Loi 6 janvier 1986). Ce pourra être une maison rustique, un mas de pierre, une métairie, une maison de maître, un pavillon de chasse, une chaumière, une ancienne écurie ou toutes autres constructions anciennement rattachées à une châtellerie.

S'agissant des problèmes d'aménagement du territoire, de la déserte des infrastructures et de l'emploi en terme durable (C.D.I.), le Timeshare se pose aujourd'hui comme le meilleur moyen de désaisonnaliser les stations, donc de réguler les flux touristiques contre le syndrome des *volets clos* (voir ci-après). Au surplus, la formule de vacances en temps partagé colle bien avec l'exploitation simultanée d'une résidence de tourisme (l'exploitation hôtelière étant fiscalement moins compatible). L'enchevêtrement des formules génère souvent un heureux compromis économique, social et commercial puisque l'exploitation de l'une vient au secours de l'autre. Ainsi, les périodes en temps partagé encore invendues seront louées tandis que la clientèle ininterrompue du Timeshare fera vivre l'ensemble du complexe hôtelier même en saison morte (voir le reportage relatif à l'exploitation du Moulin de Connelles et des Infirmeries du Roy René, p. 24 et 25, revue *Espaces* n° 143, février 1997).

Sans risque de brader irrémédiablement le patrimoine à des fins commerciales, la société d'attribution (loi 1986), à défaut d'être propriétaire des lieux, pourra juridiquement s'asseoir sur un bail à construction ou une emphytéose (18 à 99 ans), ne redistribuant que des parts en jouissance à ses associés, non une pleine propriété *usus fructus abusus*. De sorte, le caractère éphémère de la propriété des valeurs mobilières n'emporte qu'un droit de fraternité (jus fraternitatis), non l'esprit de propriété empreint d'une possession privative et exclusive (animus domini).

Une illustration de cet épiphénomène nous invite à découvrir l'inattendu aux portes de nos somptueuses demeures seigneuriales, celles-là mêmes qui sont classées ou inscrites à l'Inventaire des MH ou font parti d'un patrimoine protégé[44]. Plusieurs propriétaires de ces

[44] En particulier les châteaux de Trédion (Morbihan), de Maulmont (Puy-de-Dôme) des XVème et XIXème siècles, le château d'Acqueville (Villennes-sur-Seine) du XIIIème siècle ; ou encore le château renaissance des Gipières (Drôme provençale). D'autres promoteurs ont exploité les anciennes dépendances (métairies et maisons de chasse) des demeures seigneuriales comme le Castel de Guilguiffin ; ou encore les Infirmeries du Roy René (Aix-en-Provence) avec son cadre historique, depuis les hôtels particuliers qui ornent le cours Mirabeau jusqu'aux bastides fleuries des collines

merveilles séculaires ont saisi l'opportunité qu'apporte le Timeshare, qui, au nombre de sa multitude d'investisseurs[45], autorise la mise en chantier de plans de restauration et assure l'entretien permanent de cette réserve d'histoire jalousement conservée dans la mémoire désincarnée des épaisses murailles d'autrefois. De surcroît, jamais cette formule ne dépossède le pays de son capital culturel et historique puisque l'utilisateur ne dispose que d'un droit de jouissance limité dans le temps et l'espace.

Hormis l'apport initial constitué par la vente des périodes de jouissance, le recouvrement annuel des charges de gestion, à l'instar d'une copropriété bâtie administrée sous l'empire de la loi du 10 juillet 1965, permet au régisseur de disposer à coup sûr d'un budget voté en assemblée générale. Cette réserve disponible couvre l'ensemble des frais de maintenance, l'eau, l'énergie, les petits travaux et des grosses réparations des parties communes votées en assemblée générale. S'agissant des parties privatives, leur entretien est assuré d'une part : par une redevance d'occupation et d'autre part ; par décision collective de l'assemblée des associés lorsqu'il apparaît nécessaire de renouveler les équipements et d'entreprendre des travaux de restauration. Les associés sont d'autant plus motivés par le maintien en bon état de leur patrimoine, qu'ils sont appelés à échanger leur droit d'occupation et tenus sous contrat par la bourse d'échanges à maintenir des normes respectables de qualité, de sécurité et de confort.

---

environnantes. Enfin les Moulins de Vernègues (Bouches-du-Rhône) et de Connelles (Eure) avec son manoir anglo-normand, tous proposent des lieux où tout n'est qu'art de vivre. Mais en France, la liste de ces monuments qui restent à ouvrir n'est pas exhaustive, puisque dans le seul département de la Dordogne ne compte pas moins de 1 001 châteaux médiévaux, manoirs renaissants et autres immeubles de valeur historique ou culturelle !

[45] Chaque période cédée en Timeshare pouvant correspondre à presque autant de semaines que compte une année pour une même unité d'hébergement et cela, pour autant d'unités vendues en temps partagé comprises dans le *resort*.

L'exploitation hôtelière de monuments anciens s'avère souvent bien difficile à réaliser et à financer[46]. Au surplus, la précarité d'une gestion hôtelière tient d'une clientèle incertaine, plutôt étrangère voire introuvable sur certaines périodes de l'année pour cette catégorie d'hébergement haut de gamme et richement dotée. Demeure que le produit doit aussi s'examiner sur un plan culturel très bénéfique pour le petit commerce de la région qui jouit du prestige qu'emporte un tel édifice. Mais l'entretien courant dudit édifice dépend des recettes d'exploitation hôtelières, lesquelles n'assurent pas toujours un minimum souhaitable au péril parfois de la superstructure d'un vieux bâtiment. Ainsi, l'hôtelier reste en permanence suspendu au contrat de l'autocariste, du *résa* ou du *tour operator*, ou bien le particulier qui réserve et ne vient pas, ou encore des conditions météorologiques qui font fuir la clientèle de passage. En échange, le concept de vacances en temps partagé met en mouvement un nombre considérable de multipropriétaires associés au sein d'un *resort* (voir supra, note 4), donc, constamment présents par le fait des échanges et des charges honorées.

Ceux-ci se substituent, comme nous venons de l'évoquer plus haut, aux bailleurs de fonds traditionnels une fois le programme achevé ou en voie d'achèvement. Les problèmes de surcapacité que rencontrent généralement les établissements hôteliers de luxe disparaissent avec l'arrivée

[46] Le passage discret de gaines et de collecteurs d'assainissement, la création d'ascenseurs, les isolations thermique et acoustique sans altérer le décor authentique ou l'ambiance massive de ces architectures intérieures, se présentent souvent comme un impossible pari. De plus, la protection des perspectives monumentales peut conduire à des prescriptions d'arrêtés de permis de construire sur la couleur et la nature des matériaux utilisés (art. R. 111-21 C. urb. et CE 29 déc. 1993, n° 126651). Or, si l'exploitation muséographique d'une galerie close et figée dans son enceinte ne requiert pas nécessairement des aménagements de gros œuvre à l'intérieur des édifices, l'hébergement professionnel exige de lourdes transformations et un entretien à hauteur des impératifs conjugués de l'hôtellerie et de l'architecture d'art (voir supra, note 5).

ininterrompue de timesharers provenant de 81 pays, tous membres d'une bourse d'échanges internationale[47]. Le taux d'occupation du concept voisine 74% d'un bout à l'autre de l'année (source *Ragatz*, 1994), le système des échanges opérant avec près de trois millions de vacanciers qui circulent sans cesse à travers le monde. Cette formule attractive et économique constitue sans doute l'éthique du futur dont la notion de partage en est l'essence.

Certains opérateurs immobiliers, investis *de facto* en qualité d'entrepreneurs culturels, se sont engagés à reconstruire des édifices anciens et à exploiter le *produit-château* pour moitié et/ou simultanément en *Timeshare* et en résidence de tourisme. Cette complémentarité hôtelière permet au cédant de mieux supporter dans le temps, les difficultés commerciales qui résultent de la cession parfois tardive de parts ou d'actions en société d'attribution d'immeubles en jouissance à temps partagé dont le marché semble peu animé en France, en raison d'une part : de sanctions consuméristes visant à discipliner certaines méthodes de vente dites déloyales[48] et d'autre part ; d'une diffusion médiatique assez réductrice de l'image d'un produit au demeurant démocratique et généreux.

En regard de la vigilance que réclame l'architecture d'art dès lors qu'elle est habitée par des voyageurs

---

[47] Les deux réseaux de dimension mondiale qui se partagent ce marché, comptant plus de 4 000 résidences sur cinq continents, sont tous deux américains : *Resort Condominiums International* (R.C.I.) et *Interval International* (I.I.). Aux éd. l'Harmattan, 2 livres : "Le Timeshare ou la multipropriété échangée" (D. Desurvire, 1995) ; "Les vacances en temps partagé" (D. Desurvire et M. Lechau, 1996). Voir également "Espaces" n° 134, juillet/août 1995, p. 53 et suiv. ; "Les Cahiers Espaces" n° 32 (Immobilier de loisirs), juin 1993 p. 98 et suiv. ; et n° 41 (Hôtellerie), avril 1995, p. 74 et suiv.

[48] À ce propos, nous attendons la transpositions (projet de loi n° 208, 5 février 1997) en droit français de la directive 94/47 CE du 26 octobre 1994 concernant la protection des acquéreurs dans les contrats portant sur l'acquisition à temps partiel d'un ou plusieurs biens immobiliers.

saisonniers[49], on retiendra que les utilisateurs cosmopolites acquis à la formule génèrent une clientèle particulièrement respectueuse des biens qu'elle occupe[50]. Dans l'esprit qui préside à l'échange d'hospitalité, les propriétaires spatio-temporels sont naturellement sensibles à la qualité de l'hébergement et de l'environnement qui leur est confiée l'espace d'un échange. Il s'agit là d'une responsabilité mutuelle fondée sur une réciprocité garante de l'honneur et l'intégrité des membres échangistes, lesquels contractent un séjour touristique. Ceux-ci confient leur biens communs et personnels à travers le réseau d'échanges international qui en détient le contrôle et la permanence quant aux conditions d'affiliations, de qualité des prestations et des garanties d'usage moyennant une redevance.

### D - S.A.I.J.T.P. et S.C.P.I. Malraux : Mythe ou réalité ?

En introduction à l'analyse qui suit, nous retiendrons que la *société civile de placement immobilier* (S.C.P.I.)[51] reste aujourd'hui un modèle de placement assez controversé dans les milieux financiers. La réussite économique d'une telle opération suppose déjà en elle-même une condition contre nature : tandis que la société civile immobilière (société de construction, société civile foncière) sera en principe dissoute au terme du programme de construction pour lequel elle a vécu afin de restituer aux associés la part de propriété qu'il leur revient, la S.C.P.I. a vocation de perdurer par delà l'achèvement du programme de

[49] Voir supra l'exposition dans le texte depuis les notes 6 et 7.

[50] Les régisseurs de ces *resorts* accordent une plus grande confiance dans le comportement individuel des attributaires échangistes tenus par un lien obligationnel réciproque de quasi-propriété, sachant que statistiquement, les risques de larcin ou de vandalisme par cette formule sont, de ce fait, quasiment nuls.

[51] Loi n° 70-1300 du 31 décembre 1970, modifiée L. n° 93-6 du 4 janvier 1996 ; Décret d'application n° 71-524 du 1er juillet 1971 ; Décret n° 94-483 du 9 juin 1994.

construction ou de réhabilitation aux fins d'offrir à ses associés un rendement, sinon une plus-value à l'échéance d'une période de gestion qu'elle s'est fixée. Sur ce chapitre, nous explorerons son ajustement juridique avec une S.A.I.J.T.P., quoique cette laborieuse conjecture présente des difficultés techniques et reviendrait à se pencher sur la quadrature du cercle. On pourrait cependant l'imaginer dans le cadre d'un Timeshare-hôtelier (voir plus bas).

La S.C.P.I. Malraux, spécialisée dans la réhabilitation ou la restauration immobilière, constitue l'une des branches de ce type de société de placement. Créée autour d'un pool de placement collectif, elle a pour mission d'investir dans la rénovation de *secteurs sauvegardés*. Les S.C.P.I. résultent de la division de parts d'un faible montant (1000 F minimum) correspondant à un investissement immobilier le plus souvent dispersé sur plusieurs sites géographiques (le capital social ayant été relevé à 5 000 000 F à dater du 4 juin 1995). L'épargne s'effectue par voie de souscription et la sortie se prévoit généralement par la revente des biens immeubles, d'où la liquidation de la société au terme de son programme de construction et d'exploitation. De sorte, à l'instar d'une S.C.I., la cession prématurée des parts moins de six ans après leur acquisition ne permettrait pas à leur titulaire de conserver les mêmes avantages (loi de finances rectificative pour 1993, art. 156-I-3° du C.G.I.). Par ailleurs, les S.C.P.I. Malraux ne bénéficient d'aucune revalorisation des parts les trois premières années et parfois plus, sachant que les immeubles entrant dans le patrimoine social sont souvent acquis pour une valeur supérieure à celle du marché, donc sans promesse sérieuse de plus-value à court ou moyen terme.

On regrettera, en effet, la lenteur des prises de décision de ces organismes collectifs sur un marché où les bonnes affaires sont promptement captées par des acheteurs particuliers ou les mandataires professionnels (agents immobiliers et marchands de bien). La solution serait d'associer dans la S.P.C.I., laquelle a capacité de faire appel public à l'épargne (Loi du 4 janv. 1993) afin d'investir en bloc sur un programme même diversifié mais défini, un groupe immobilier ayant en charge la gestion d'un stock de logements cédé à bail mais dont la libération serait programmée.

Pour l'ensemble de ces raisons, juridiques ou stratégiques, l'interpénétration d'une S.A.I.J.T.P. locataire dans un immeuble géré par la société de gestion agissant pour le compte d'une S.C.P.I. (art. 9 et suiv., loi du 31 décembre 1970) n'est pas envisageable. Quant à leur fusion, elle est impossible (art. 18-1, loi du 31 décembre 1970). Ainsi, le souscripteur de parts d'une S.C.P.I. sera tenu d'attendre très longtemps que la S.A.I.J.T.P. constituée sur les bases probables d'un contrat de bail emphytéotique s'éteigne, donc libère les immeubles - sachant que la décote des habitations louées s'élève à environ 30% - pour que la S.C.P.I. prenne fin en cédant à son tour son parc immobilier. Mais peut-on imaginer que le souscripteur d'une S.C.P.I. devienne attributaire de parts en jouissance, soit par une capitalisation des intérêts convertibles en droit d'occupation périodique, soit par une valeur ajoutée à l'épargne ? La difficulté reviendrait à matérialiser l'épargne du souscripteur à la sortie et lui réserver le produit immeuble qui lui sera affecté en jouissance, ce qui n'est pas aisé pour une S.C.P.I. car la loi du 6 janvier 1986 (article 8) implique l'obligation pour le cédant d'attribuer une période à l'acquéreur sur un lot nommément inscrit et numéroté.

À partir de ce montage, quelques questions d'un intérêt majeur peuvent naître, à savoir : l'attributaire de la S.A.I.J.T.P., s'il ne sort pas de la S.C.P.I. mais entre néanmoins en jouissance à titre accessoire, devient-il *de facto* propriétaire d'une partie de l'immeuble, ce qui est contraire à la lettre de la loi de 1986 (article 1er, 1er alinéa et article 33) ? Ou encore, le souscripteur d'une S.C.P.I. devra-t-il attendre au minimum six ans pour sortir de la société pour échanger tout ou partie de ses titres contre un droit de jouissance à temps partagé ? Quand bien même les porteurs de parts de S.P.C.I. ne disposent que de valeurs mobilières à prépondérance immobilières, la convertibilité présupposée de ces valeurs en parts de S.A.I.J.T.P. ne renforcerait pas pour autant le caractère patrimonial de ces dernières, eu égard à l'esprit qui préside à la loi de 1986 susdite, laquelle interdit l'accès à la propriété immeuble aux associés, seulement détenteurs de droits incorporels. Mais dans tous les cas, les avantages fiscaux seraient maintenus pour les souscripteurs d'une S.C.P.I. Malraux au titre d'attributaire potentiel d'un droit de jouissance[52].

Une solution alternative reviendrait à dissocier l'investissement de l'exploitation, comme cela se fait habituellement dans le cadre d'une S.C.P.I., puisque le souscripteur retire l'avantage, grâce à cette possibilité de placement, d'échapper aux soucis de rénovation immobilière et de gestion de l'exploitation confiés à la gérance de l'organisme. Reposant sur le principe d'une location/réservation payée par avance, le contrat de prestations hôtelières, formule appelée aussi "Timeshare-hôtelier", n'a de commun avec le Timeshare, que l'accès à un réseau d'échanges international. Ici, l'opérateur hôtelier prend à l'égard de ses clients, l'engagement de mettre à leur disposition une suite ou un appartement dépendant du mois de son exploitation hôtelière, pendant plusieurs années et pour une période déterminée au calendrier ou une période flottante (floating time) dont l'unité est la semaine.

L'ensemble des services hôteliers demeure pendant toute la durée de la convention indissociablement lié à ce contrat de prestations établit par des établissements relevant de l'article 279 *a* du C.G.I. On retiendra aussi que l'acquéreur n'acquiert aucun droit d'attribution en jouissance (ni part ni action), qu'il peut être étranger à la S.C.P.I. comme il serait possible à l'organisme cédant de lui accorder des droits d'entrée préférentiels ou des privilèges hôteliers au titre de souscripteur de la S.C.P.I.

Par d'autres voies, les investisseurs trouveront peut-être quelques dispositifs fiscaux plus performants ou mieux

---

[52] Déduction de la quote-part qui leur incombe dans les intérêts des emprunts engagés par la société pour l'acquisition ou la rénovation de l'immeuble ; déduction des intérêts des prêts qu'ils ont acquis en personne pour gagner leurs droits sociaux (sauf loi de finances pour 1998).

adaptés, tels les réductions d'impôts des lois Quilès-Méhaignerie (même affaiblies) ou l'amortissement Périssol (ou son succédané), lequel permet une importante économie d'impôt et relève le plafond d'imputation du déficit foncier. Les avantages fiscaux que peuvent retirer les investisseurs de tout rang et associés d'une S.A.I.J.T.P., soit dans le cadre de ces sociétés civiles immobilières de capitaux, soit ou conjointement, dans le contexte de la loi Malraux, méritent un intérêt accru, sachant qu'ils présentent de précieux arguments face à des acquéreurs si difficiles à capter sur un marché très surveillé (transposition attendue en droits nationaux de la directive 94/47/CE du 26 octobre 1994 concernant la protection des acquéreurs dans les contrats portant sur l'acquisition d'un droit d'utilisation à temps partiel d'un ou plusieurs biens immobiliers).

Certes, les agents du fisc ne sont plus les redoutables *fermiers généraux* d'antan, c'est-à-dire, de simples collecteurs à la solde du seigneur des lieux. Le Trésor à aussi pour mission d'inciter de nouveaux investissements en redistribuant les richesses suivant un processus économique qui tend à l'équilibre social et budgétaire des collectivités. Mais prenons garde contre certains dérapages provoqués par des montages spécieux, car à vouloir systématiquement proposer des produits d'épargne défiscalisés adossés à des emprunts dont les intérêts sont eux-mêmes déductibles des revenus fonciers, le risque est grand de voir, un jour probable, le législateur battre en brèche les niches fiscales et démonter ainsi le dispositif du déficit foncier des Opérations groupées de restauration immobilière[53]. Crédit d'impôt, *carry back*, décote, dégrèvement, exonération, abattement ... la loi de finances pour 1998 amorce déjà un repli, sinon le déclin ostensible des mesures incitatives les plus gratifiantes.

---

[53] Ainsi la loi d'orientation sur la ville a modifié depuis 1991 la nature du déficit imputable sur le revenu global, en substituant aux termes *le déficit des propriétaires d'immeubles* les mots *le déficit provenant des travaux*, disposition qui exclut les autres charges déductibles visées à l'article 31 du C.G.I.

# CHAPITRE TROISIÈME

## DES INSTITUTIONS AU SERVICE DU PATRIMOINE BÂTI

## A - Les professionnels qui font autorité et les moyens de protection urbains et ruraux

### I - Quelques intervenants directs de l'État et des régions

Au fil des années, *la direction du Patrimoine* amena l'État à devenir propriétaire de neuf cents monuments historiques et responsable de quatorze mille immeubles classés, cependant que vingt-sept mille autres sont inscrits à l'Inventaire supplémentaire (coût entre 1 à 1,6 milliard de francs qui ampute de 15 à 20% le budget du ministère de la Culture). Ces actions sont toujours conduites sous le contrôle de chaque *COREPHAE* (voir infra, note 58), tandis que les interventions de gros œuvres (destruction totale ou partielle, déplacement, restauration, modifications etc.) ne peuvent être entreprises sans l'autorisation du directeur régional des affaires culturelles de la région dans laquelle est situé le monument.

Mais il existe d'autres intervenants directs ou indirects (sous la direction régionale) rattachés au service du ministre de la Culture :

- *l'architecte des bâtiments de France* est chargé de faire appliquer la loi, de diriger ou de contrôler les travaux suivant que l'ouvrage est classé ou inscrit. Il est en outre conservateur des monuments historiques appartenant à l'État dans son département sous réserve de quelques exceptions ;

- *l'architecte en chef des monuments historiques* est en charge d'une mission de rapprochement entre les partenaires économiques et technico-culturels. Au surplus, il donne son avis sur toutes propositions, assiste le département culturel de la Conservation régionale des monuments historiques pour la programmation annuelle des travaux, définit les propositions d'études préalables et se charge en tant que maître d'œuvre de diriger certains travaux de sauvegarde ou de réaffectation ;

- *le conservateur régional des monuments historiques* placé sous l'autorité du directeur régional des affaires culturelles dirige la conservation régionale des monuments historiques. En outre, il coordonne le suivi de l'état de conservation des ouvrages anciens et élabore sur le plan technique et financier les projets de programmes de restauration.

En matière de contrôle, citons également d'autres intervenants comme : *le conservateur du patrimoine* chargé de l'inspection des ouvrages architecturaux protégés et rapporteur à la commission supérieure des monuments historiques ; *le conservateur général du patrimoine* chargé de veiller à la bonne marche des travaux et des mesures de protection ; enfin *l'architecte en chef des monuments historiques* lorsqu'il est spécifiquement chargé de mission d'inspection auprès desdits monuments. Chacun dispose à son niveau de compétence (attributive et territoriale) de moyens d'intervention et de conseil.

## II - La Caisse nationale des monuments historiques et des sites

Le décret n° 95-462 du 26 avril 1995 portant réforme de la Caisse nationale des monuments historiques et des sites (C.N.M.H.S.), crée pour l'établissement public l'obligation de définir rapidement ses nouveaux objectifs, de se donner les premiers moyens nécessaires à leur réalisation et d'élaborer un programme pluriannuel en vue notamment de préparer un cahier des charges. Cet établissement voit à cette occasion, ses missions recentrées autour de deux axes :

En premier lieu, la C.N.M.H.S. assure la présentation des ouvrages architecturaux et des sites protégés au public et la gestion des monuments de l'État affectés à la Direction du patrimoine et de l'architecture (directions bientôt regroupées). Il appartient à cette institution de promouvoir et de gérer ce prestigieux capital constitué de plus de 110 monuments historiques appartenant à l'État ou qui lui sont confiés par des collectivités locales.

Cependant, les MH non pourvus d'administrateur désigné sont gérés par l'A.B.F. ou par le Service Départemental d'Architecture et du Patrimoine (S.D.A.P.).

En second lieu, la C.N.M.H.S. est appelée à jouer un rôle de premier ordre dans l'intensification documentaire pédagogique et la cohérence de la politique éditoriale du patrimoine. Ces réformes ont appelé une réorganisation administrative de l'établissement public ainsi que l'attribution de moyens nouveaux privilégiant une gestion de proximité. Pour y parvenir, il fut nécessaire de déconcentrer les crédits et les procédures d'exploitation de façon à rapprocher les décisions visant des MH, tout en permettant au siège administratif de conserver la capacité d'effectuer la synthèse des actions conduites localement.

Gestionnaire et éditeur, la C.N.M.H.S. est prioritairement chargée de développer la fréquentation des monuments au public et d'en favoriser la connaissance. Mais elle coopère avec l'*Agence française de l'ingénierie touristique* (A.F.I.T.) dans le cadre d'études sur la qualité de l'accueil, la recherche de nouveaux publics et la stratégie d'un développement culturel et financier des monuments. Par ailleurs, la création récente de la fonction de *délégué au Développement* permet de mettre en commun l'effort de la C.N.M.H.S. à l'initiative des professionnels du tourisme de région et des associations locales en liaison permanente avec les opérateurs institutionnels, ainsi les *Directions régionales des affaires culturelles*.

On peut donc espérer qu'en deçà du cadre incontournable des visites et circuits guidés, un déploiement de nouvelles formes d'exploitation, un élargissement de la gestion des recettes ainsi que de la diffusion publicitaire, pourraient s'organiser depuis les traditionnels droits d'entrée, à l'exploitation hôtelière autour des sites magnétiques. De plus, la promotion de la C.N.M.H.S. s'étend au-delà de la collaboration de proximité avec les collectivités territoriales et leurs organismes spécialisés (offices de tourisme, syndicats d'initiative, comités départementaux et régionaux du tourisme), à de nombreux *workshops* à l'étranger. Si la Caisse nationale ne peut offrir aux industriels du tourisme qu'une assistance relationnelle, car il est peu probable qu'elle accepte aujourd'hui de laisser l'hôtellerie saisonnière investir ses trésors monumentaux, elle met néanmoins en réseau une centaine de routes historiques de France *(Les routes de l'histoire* fondées en 1990), celles qui conduisent à l'hébergement touristique autour des sites et monuments nationaux[54].

## III - Depuis la Direction du Tourisme : L'A.F.I.T.

Créée par arrêté en date du 16 mars 1993, l'*Agence française de l'ingénierie touristique* est un groupement d'intérêt public (G.I.P.) qui rassemble les compétences et les expériences disponibles pour stimuler et valoriser, par le jeu d'études et de conseils, une offre touristique performante. Initialement placée sous l'égide du Ministre de l'Équipement, des Transports et du Tourisme (aujourd'hui rattaché au secrétariat d'État au Tourisme), cet organisme public d'intérêt général justifie son action ininterrompue : d'une part, pour maintenir la capacité d'intervention et d'orientation de l'État dans le domaine de la production touristique ; d'autre part, pour développer un partenariat actif entre le secteur public et le secteur privé, puis favoriser un développement cohérent de l'offre touristique.

Dans le prolongement de *la Délégation aux investissements et aux produits touristiques* du ministère en charge du tourisme, l'A.F.I.T. est susceptible de fédérer pour chacune de ses interventions : l'État avec six ministères et ministères délégués membres (d'autres collaborent étroitement) ; les collectivités territoriales ; les investisseurs privés ou institutionnels ; les opérateurs

---

[54] Parmi les pistes de développement capables de provoquer des interactions touristiques et culturelles, la création d'un réseau de 100 monuments et sites du Moyen-Âge prend la forme d'un réseau INTRANET dès 1997 et s'adresse d'abord aux professionnels de la région. Cette mise en réseau *on line* préfigurera la création d'un site commun sur WEB en 1998 destiné au grand public (V. infra services télématiques).

nationaux du tourisme ; les organismes bancaires et autres établissements de prêt et de garantie (caution mutuelle) ; les bureaux d'études et professionnels libéraux. De sorte, le partenariat entre l'A.F.I.T. et ses 50 relais de droit public ou privé se développe de façon contractuelle dans le cadre de ses ateliers. L'A.F.I.T. joue un rôle de conseil technique pour l'assistance au montage des projets d'aménagement, d'accueil et d'interprétation : diagnostic rapide ; définition du concept ; organisation des études de faisabilité ; articulation des acteurs que sont les collectivités publiques, opérateurs locaux tels les gestionnaires, investisseurs et consultants libéraux. S'agissant de la commercialisation des produits finis, la formation dans les secteurs professionnels et l'information touristique et du développement de l'interprétation, ce G.I.P. travaille habituellement avec ses partenaires institutionnels, parapublics et privés à l'amélioration des systèmes de mise en marché.

Cette institution, dotée de peu de moyens mais puissamment armée d'une équipe de fonctionnaires compétents, a aussi pour mission de poursuivre et de systématiser une politique consistant à rapprocher le monde de la culture à celui du tourisme. Dans l'axe de ses travaux, il s'agit essentiellement d'adapter l'offre culturelle aux clientèles touristiques et inversement, d'amener la fonction touristique au service de la culture. Une cellule ingénierie renforce les interventions de l'A.F.I.T., notamment dans le cadre des priorités fixées par espace et par filière de production. Ces priorités portent sur l'amélioration qualitative du parc des hébergements touristiques et la promotion de l'hôtellerie saisonnière dans le monde rural, mais aussi dans les centres culturels des villes petites et moyennes. Par voie de conséquent, les travaux portent également sur l'analyse économique des montages susceptibles de favoriser la réhabilitation de l'hébergement de charme en milieu rural et l'assistance juridique sur les procédures de classement et de labellisation (à l'instar du label *Ville et pays d'art et d'histoire)*. En outre, un effort est consenti aux fins d'exploitation des marques (Château accueil, Relais du silence, Bienvenue au Château, etc.).

## IV - La Z.P.P.A.U.P. (procédure complémentaire de protection d'un MH et/ou d'un *secteur sauvegardé)*[55] ; le P.S.M.V.

Comme nous l'avons souligné en introduction, la difficulté d'entreprendre une activité hôtelière à l'intérieur d'un bâtiment protégé relève d'une initiative aussi audacieuse que laborieuse. Lorsque le propriétaire, *a posteriori,* cherche à obtenir le concours de l'État pour l'octroi d'un classement amiable[56] ou une inscription à l'inventaire supplémentaire[57], voire une dotation symbolique sur la ligne budgétaire concernant le patrimoine rural non protégé (depuis 1981), la procédure pour le requérant n'est guère plus aisée[58]. Mais une loi n° 83-8 du 7 janvier 1983 (art. 70, Z.P.P.A.U.), modifiée par la loi n° 93-24 du 8 janvier 1993 sur le paysage (art. 6 [P.]), qui a créée dans chaque région un collège du patrimoine et des sites, permet l'institution d'une nouvelle mesure de

---

[55] Depuis le 17 mai 1995, la Z.P.P.A.U.P. remplace les périmètres de restauration immobilière (P.R.I.).

[56] Suivant le décret du 18 mars 1924, modifié par le décret n° 84-1006 du 15 nov. 1984. Le ministre de la Culture est seul compétent, alors que le classement d'office est prononcé par décret en Conseil d'État. Soulignons que la mesure de classement est une mesure administrative protectrice plus contraignante que celle de l'inscription à l'Inventaire supplémentaire des MH financièrement moins bien soutenue (appréciation de la covisibilité, servitude de reculement etc.).

[57] L'initiative appartient ici au préfet du département, au propriétaire ou à toute personne physique ou morale y ayant intérêt (Décret n° 84-1000 du 15 novembre 1984).

[58] Le dossier est préalablement soumis à l'examen de la *COREPHAE* (commission régionale du patrimoine historique, archéologique et ethnologique) qui émet un avis sur l'intérêt de l'édifice et sur la nature de la protection qui peut être proposée. Par suite, le préfet de région et le ministre statueront successivement sur les propositions d'inscription ou de classement, sachant qu'au titre d'un classement, le conservateur régional des MH devra transmettre le dossier au bureau de la protection des MH au ministère de la Culture.

protection au cas par cas des abords des MH dite : *"Zone de Protection du Patrimoine Architectural Urbain et Paysager"*.

Une Z.P.P.A.U.P. peut être mise en place par décret, sur proposition ou après accord du conseil municipal des communes intéressées (Décret n° 84-304 du 25 avril 1984), pour assurer la protection de l'environnement des MH et dans les quartiers, sites et espaces à protéger ou à mettre en valeur pour des motifs d'ordre social, esthétique, historique ou culturel. Des prescriptions particulières en matière d'architecture sont instituées à l'intérieur de ces zones lorsqu'il y a lieu d'effectuer des travaux dans leur périmètre, *a fortiori* sur la ceinture d'un *secteur sauvegardé*. Après enquête publique (Direction Départementale de l'Équipement, A.B.F. etc.), avis du Collège régional du patrimoine et des sites puis l'accord du conseil municipal, la Z.P.P.A.U.P. est créée par arrêté du représentant de l'État dans la région. Les dispositions arrêtées de la zone de protection sont annexées au P.O.S. dans les conditions prévues à l'article L. 126-1 du code de l'urbanisme.

Même revêtues du visa de l'A.B.F., en cas de désaccord du maire ou de l'autorité compétente pour délivrer le permis de construire, les autorisations pourront néanmoins être soumises à l'avis du représentant de l'État dans la région, après consultation du collège régional du patrimoine et des sites ou de la commission régionale du patrimoine et des sites qui exerce les mêmes compétences (L. n° 97-179 du 28 février 1997), avis qui se substitue à celui de l'A.B.F. (Voir supra, notes 36 et 38). Au surplus, le ministre compétent peut évoquer tout dossier dont l'A.B.F. ou le représentant de l'État dans la région est saisi en application de l'article 71 de la loi du 7 janvier 1983 relative à la répartition des compétences entre commune, département, région et l'État. Cette procédure déconcentrée n'est pas un document d'urbanisme mais une servitude d'utilité publique annexée au P.O.S.

Les *secteurs sauvegardés,* au nombre de 88, s'étendent sur plus de 5 000 hectares de quartiers historiques, lesquels hébergent 800 000 habitants (V. supra, chap. I, § A ; chap. II, § A, B et D). Ils constituent l'interface du patrimoine classé et inscrit à l'inventaire supplémentaire des monuments historiques. Au surplus, ils permettent à la vie urbaine de s'épanouir, au-delà du décor statique d'une succession de musées qui emprisonneraient la ville dans un écrin seulement à visiter aux heures d'ouverture ! Un *secteur sauvegardé* n'est donc pas une œuvre morte de l'esprit qu'il faut porter sur les fonts baptismaux des arts impénétrables. Bien au contraire, l'habitat, le commerce et la foule des promeneurs constituent dans un ensemble harmonieux, le tissu, le poumon et le fonds d'une ville. Nous sommes donc loin de la sombre approche de Le Corbusier qui abhorrait le tracé de nos villes "où s'accumulent les immeubles tassés, s'enlacent les rues étroites et pleines de bruit, de puanteur de benzine et de poussière et où les étages ouvrent à pleins poumons leurs fenêtres sur ces saletés [...]".

*A contrario,* la loi du 4 août 1962 aura permis de réinstaller la ville dans sa dignité retrouvée en protégeant le patrimoine des blessures du temps. Elle installe une saine conception de l'urbanisme en permettant à la cité d'autrefois de s'appuyer sur la ville d'aujourd'hui. La conservation et la mise en valeur des édifices architecturaux anciens constituent une forme naturelle d'intégration sans impliquer, hormis le *plan de sauvegarde et de mise en valeur* qui demeure un document d'urbanisme, une action politique sociale, à l'instar des zones de redynamisation urbaines.

S'agissant des contraintes définies pour l'implantation des constructions nouvelles (emprises imposées de construction, alignements nouveaux, marges de reculement), plusieurs dispositions peuvent favoriser l'intégration de constructions nouvelles tout en permettant de conserver, voire de restaurer, l'homogénéité du front bâti et de réaliser des opérations d'ensemble dans certains îlots. Les prescriptions visant à maîtriser les ouvrages neufs s'inscrivent dans un règlement (hauteur, gabarit des toitures, volumétrie, rythme des percements, nature des matériaux *[op. cit., Les secteurs sauvegardés,* supra, note 18]). Enfin, rappelons que le *plan de sauvegarde et de mise en valeur* est un document d'urbanisme opposable aux tiers (personnes de droit public ou privé). Il supplante tout autre plan de réaménagement ou P.O.S. à l'intérieur du périmètre d'un secteur sauvegardé.

Les actions de sauvegarde pourront s'appuyer sur des procédures telles que le droit de préemption, les emplacements réservés, la résorption de l'habitat insalubre par expropriation, la restauration immobilière etc. Pour garantir l'action publique dans le cadre d'une restructuration d'îlots et d'embellissement des espaces, le P.S.M.V. conserve le pouvoir de procéder à des opérations d'acquisition-réhabilitation d'immeubles pour réaliser l'affectation de logements sociaux ou de services de proximité. Il peut aussi s'orienter vers le tourisme en permettant à une hôtellerie de charme de s'intégrer dans une architecture généreuse et valorisante.

### B - Pour la protection du patrimoine mondial, un seul opérateur : L'U.N.E.S.C.O.

L'Organisation des Nations Unies pour l'Éducation, la Science et la Culture (U.N.E.S.C.O.) encourage l'identification, la protection et la préservation du patrimoine culturel et naturel de valeur universelle à travers le monde considéré comme ayant une valeur exceptionnelle pour l'humanité. Son action, engagée voilà aujourd'hui un demi-siècle, s'inscrit autour des ouvrages de l'homme ou de la nature à travers les civilisations ou des sites de plus en plus menacés de destruction, non seulement par des causes traditionnelles de dégradation, mais encore au gré de l'évolution de la vie sociale et économique qui les aggrave, par des phénomènes d'altération (pollution, urbanisation) ou de destruction (séisme, guerre) encore plus redoutables (*in* exposé des motifs de la Conférence de l'O.N.U. réunie à Paris du 17 octobre au 21 novembre 1972).

S'il existe l'espoir d'une réponse adaptée, efficace et définitive, il faut la chercher dans la Convention concernant la protection du patrimoine mondial, culturel et naturel, par laquelle, je cite : “ les pays reconnaissent que les sites qui se trouvent sur leur territoire national et qui ont été inscrits, constituent, sans préjudice pour la souveraineté nationale et des droits de propriété, un patrimoine mondial à la protection duquel *il incombe à la communauté internationale tout entière de participer"*. De ce fait, sans le soutien d'autres pays, certains monuments possédant une valeur reconnue se seraient détériorés, ou auraient même disparu, souvent par manque de fonds pour les préserver. La Convention est donc un accord, signé à ce jour par 146 pays s'engageant à contribuer financièrement et intellectuellement à la protection du patrimoine mondial.

Dans l'expression *valeur universelle exceptionnelle*, l'U.N.E.S.C.O. identifie le patrimoine mondial, non par opposition au patrimoine national, mais en adéquation aux richesses que chaque nation peut offrir en partage dès lors qu'elle encourage son exportation à des fins universitaires, spirituels ou touristique, tout en conservant le bénéfice corporel du bien quant à sa reconnaisssance universelle et son exploitation commerciale.

La mission de l'U.N.E.S.C.O. en faveur du patrimoine mondial consiste à :

- encourager les pays à signer la Convention de 1972 et à assurer la protection de leur patrimoine naturel et culturel ;

- encourager les État parties à la Convention à proposer des sites sur leur territoire national pour inscription sur la Liste du patrimoine mondial ;

- encourager les États parties à mettre en place des systèmes de soumission de rapports sur l'état de conservation des sites du patrimoine mondial ;

- aider les États parties à sauvegarder les sites du patrimoine mondial en leur fournissant une assistance technique et une formation professionnelle ;

- fournir une assistance d'urgence aux sites du patrimoine mondial en cas de danger immédiat ;

- promouvoir le concept de patrimoine culturel et naturel ;

- encourager la coopération internationale dans le domaine de la conservation du patrimoine culturel et naturel.

En raison du déséquilibre planétaire des richesses Nord/Sud, la politique d'intervention de cette organisation se tourne ostensiblement vers les pays en voie de développement incapables de gérer une économie de sauvegarde monumentale et/ou souffrant de carences institutionnelles pour entreprendre une action de salubrité culturelle à hauteur des graves problèmes de délabrement dont souffre le patrimoine de ces régions. Ce pourquoi, l'U.N.E.S.C.O. concentre aujourd'hui la plus grande partie de ses efforts au profit des nations déshéritées en ciblant principalement les monuments prestigieux universellement connus. Pour cette institution, le patrimoine de proximité français n'apparaît donc manifestement pas comme une priorité, sinon un réservoir de richesses.

Néanmoins, l'article 12 de la Convention pour la protection du patrimoine mondial (en sa 17ème session du 17 novembre 1972) dispose : "Le fait qu'un bien du patrimoine culturel et naturel n'ait pas été inscrit sur l'une ou l'autre des deux listes visées aux paragraphe 2 et 4 de l'article 11, ne saurait en aucune manière signifier qu'il n'a pas une valeur universelle exceptionnelle à des fins autres que celles résultant de l'inscription". Ainsi, les ensembles, groupes de constructions isolées ou réunies, en raison de leur architecture, de leur unité ou de leur intégration dans le paysage, peuvent retenir une valeur universelle exceptionnelle du point de vue de l'histoire sous l'hospice de l'art, de l'esthétique ou de la science.

### C - Une O.N.G. de dimension internationale : *ICOMOS*

Hormis les interventions officielles qui relèvent d'une action internationale conduite sous l'égide de l'U.N.E.S.C.O. ou d'une instance politique de l'Union européenne, l'Association *ICOMOS (International Council on Monuments and Sites :* voir supra, note 12), dispose de moyens privilégiés grâce à sa dimension internationale qui lui confère une réelle compétence sur le terrain politique. La raison sociale de cette personne morale de droit privé (O.N.G. disposant de multiples bureaux régionaux) fut fondée en 1965 à Varsovie après l'élaboration de la *Charte Internationale sur la Convention et la Restauration des Monuments et des Sites* (dite Charte de Venise ratifiée par le II$^{ème}$ Congrès international des architectes et des techniciens des Monuments historiques du 25 au 31 mai 1964), laquelle succéda à la Charte d'Athènes de 1931. Ces principes fondamentaux furent traduits dans de nombreux documents ratifiés par les États signataires de ces accords. Mais à côté de ces actes à caractère inaliénable, pris également naissance sous l'impulsion de l'U.N.E.S.C.O., le Centre international d'études pour la conservation et la restauration des biens culturels.

Véritable forum international, qui coïncida en France avec l'œuvre d'André Malraux alors ministre des Affaires culturelles, la charte de Venise dispense une variété d'interventions auprès de l'U.N.E.S.C.O., voire du ministère de la Culture, pour informer les intervenants et constituer efficacement des dossiers pouvant avancer des possibilités de dialogue et d'échange entre les différents secteurs professionnels de la conservation et de l'exploitation. Son action consiste à promouvoir la théorie, la méthodologie et la technologie appliquée à la conservation, la protection et la mise en valeur des monuments, des ensembles et des sites. Il va sans dire que peu d'acteurs locaux espèrent un secours suffisant de l'État, en particulier pour les nations les moins riches. De sorte que l'initiative des collectivités épaulée de capitaux privés sont les bienvenus, quand bien même chaque pays assure un minimum de protection juridique et le concours de ses fonctionnaires habilités (autorisations, architectes).

Le Conseil International des Monuments et des Sites a aussi pour vocation : de recueillir, d'approfondir et de diffuser les informations sur les principes, les techniques et les politiques de conservation et de sauvegarde ; de collaborer au niveau national et international à la création de centres de documentation spécialisés ; d'encourager l'adoption des conventions et leur application, puis l'observation des recommandations internationales concernant la mise en valeur des ouvrages monumentaux ; de participer à l'élaboration de programmes pour la formation des spécialistes de la conservation ; enfin, de mettre son réseau d'experts au service de la communauté internationale. Ces actions conjuguées ont amplement permis de démontrer en plus de trente années de mission jalonnées de succès, la capacité de cet organisme dans son rôle de conseil ou d'administration dans les affaires culturelles de ce type (5 300 membres en 1996 recrutés parmi les architectes, historiens d'art, archéologues, urbanistes, ingénieurs, archivistes ou administrateurs répartis dans 86 pays sur les cinq continents).

Parmi les six chartes *ICOMOS*, retenons plus particulièrement pour l'étude qui nous intéresse : "la Charte internationale du tourisme culturel" (reproduite intégralement plus bas). Cet acte signé en 1976, met en évidence le primat incontournable du tourisme culturel exprimé dans l'article 4 dudit document en ces termes : "Hormis les objectifs qui découlent de la découverte des monuments (connaissance, attrait, éducation), cette forme de tourisme concourt au maintien en vie et à la protection des ouvrages d'architecture ancienne, en raison des bénéfices socio-culturels et économiques qui en découlent pour l'ensemble des populations concernées". Mais le respect de ceux-ci, aussi bien que l'élémentaire souci de les maintenir en état, implique la définition et l'application de normes acceptables (en matière de financement et d'exploitation desdits monuments et des sites).

Une telle ligne de conduite ne peut être assurée que par une politique d'aménagement concertée, d'orientation et de canalisation des flux touristiques, conçue en tenant compte des seuils d'occupation (fréquence des visites et volume des passages) et d'exploitation commerciale qui ne sauraient être franchis sans péril. En outre, il faut condamner toute implantation d'équipement et de service touristique réalisée en contradiction avec le souci premier des égards dus au patrimoine culturel existant".

## D - Une naissance attendue dans le monde de l'art et du tourisme[59]

La Fondation du patrimoine devient désormais le partenaire idéal dans toute entreprise de sauvegarde juridique et de restauration monumentale, mieux armée et beaucoup moins impersonnelle que l'État, son gestateur. De nouvelles perspectives partenariales seront par conséquent rendues plus accessibles dès lors qu'elles se conduiront dans le cadre de procédures à caractère privé.

L'histoire habille de sa pierre des résidences que les architectes s'évertueront à meubler d'un confort discret et chaleureux. C'est toute l'alchimie d'un passé réhabilité à notre temps. Ce sera aussi l'osmose de l'art et d'un tourisme utile, sachant que l'industrie qui exploite une demeure ou un édifice seigneurial, ne saurait déposséder le patrimoine national ni en altérer son image.

## I - Mise en place d'un instrument innovant au service de la protection et de la valorisation du patrimoine français : la Fondation du patrimoine

### a) Résurgence d'une mémoire collective[60]

Susceptible de faire renaître autour de cette grande cause nationale l'esprit pionnier qui a présidé aux débuts de l'inventaire général des richesses historiques et artistiques de la France, la création de la Fondation du patrimoine[61] se

---

[59] Loi n° 96-590 du 2 juil. 1996, JO n° 153 du 3 juil. 1996, p. 1002 ; Décret du 18 avr. 1997, JO du 20 avr.1997, p. 6016.

[60] "Châteaux, cathédrales, musées, sont les jalons successifs et fraternels de l'immense rêve que poursuit la France depuis près de mille ans... Chef-d'œuvre, sans doute ; lieux de beauté que nous devons transmettre comme ils nous ont été transmis ; mais quelque chose de plus, qui est précisément l'âge de ce grand rêve" (André Malraux, Assemblée nationale, 14 décembre 1961).

[61] Plus bas dans le texte, le mot "Fondation", plus lapidaire, sera souvent utilisé pour désigner la "Fondation du patrimoine" puisqu'il ne sera question que d'elle.

situe à la croisée des préoccupations socio-économiques à l'aube du XXIème siècle : l'emploi[62], l'aménagement du territoire, la participation directe des individus, des associations et des entreprises citoyennes à la vie de la cité. Sans avoir elle-même vocation à recruter de nombreux personnels, la Fondation devrait avoir une incidence positive sur l'emploi. Elle générera au fil de son évolution de nouveaux débouchés dans le secteur du bâtiment et de l'artisanat et favorisera l'exercice et la transmission de savoir-faire ancestraux ; les métiers de l'accueil et du tourisme en seront également bénéficiaires. La redécouverte et la restauration du patrimoine de proximité, comme la diversification des flux touristiques qui devrait résulter de sa mise en valeur, constitueront, à n'en point douter, un puissant facteur d'aménagement culturel du territoire[63].

Ainsi qu'il fut constaté sur l'exposé des motifs de la 3ème loi de programmation sur le patrimoine monumental, “La France possède l'un des patrimoines les plus riches du monde”. Notre patrimoine, c'est la mémoire de notre histoire et le symbole de notre fierté nationale. C'est aussi l'image du rayonnement de la France à l'étranger”. Mais depuis les dévastations principalement causées par les bombardements de la Seconde Guerre mondiale et l'ordre de destruction (avorté *in extremis)* des principaux ouvrages de Paris depuis l'État-major de Berlin en août 1944, la conscience républicaine s'est convaincue de l'impérieux devoir de restaurer l'œuvre patriotique du terroir français et

---

[62] La Fondation n'a certes pas vocation pour définir une politique autonome de l'emploi et de la formation dont le rôle relève plutôt d'une mission d'État et des régions. Mais on lui reconnaîtra un rôle mobilisateur, là où il existe des métiers d'art à préserver et des gisements d'emplois à exploiter dans le secteur de la restauration du patrimoine.

[63] Voir les rapports n° 273 et n° 362 (Sénat) des 13 mars 1996 et du 15 mai 1996 présentés par M. Jean-Paul Hugot au nom de la Commission des Affaires culturelles et le rapport n° 2719 (Assemblée nationale) du 18 avril 1996 présenté par Mme Marie-Josée Roig au nom de la Commission des affaires culturelles, familiales et sociales.

de préserver les racines historiques et culturelles de notre civilisation. Le concept de patrimoine s'est ainsi considérablement élargi, tant dans la législation qui le concerne que dans l'esprit du public[64].

L'exégèse mit en mémoire le lien ténu - nature symbolique néanmoins extensive - de la notion de patrimoine. Cette notion multiforme du patrimoine se divise en cinq branches :

- *le patrimoine culturel protégé* au titre de la loi du 31 décembre 1913 (cf. II. A) comprend présentement plus de 14 000 monuments prestigieux classés "monuments historiques"[65] et près de 29 000 autres monuments non moins prodigieux inscrits sur l'inventaire supplémentaire ;

- *le patrimoine culturel de proximité*[66], ce "tissu conjonctif" du territoire national, ne bénéficie pas de mesures de classement, mais peut être appréhendé à travers les travaux de l'Inventaire général. On estime à plus de 400 000 éléments ce petit patrimoine composé de chapelles, d'églises, de bâtiments ruraux comportant un intérêt architectural, de patrimoine industriel, maritime, fluvial. Il constitue la trame des paysages de la France et de notre mémoire collective ;

- *le patrimoine naturel* est, quant à lui, pour partie protégé au titre de la loi du 2 mai 1930 sur les sites (2 500 sites classés et 7 000 sites inscrits), ou à travers des

---

[64] Ce concept rompt avec le postulat issu de la Révolution après la confiscation des biens de la noblesse et du clergé, selon lequel le patrimoine est l'affaire exclusive de l'État.

[65] L'expression "monument historique" apparaît pour la première fois en 1790 dans le "Recueil d'antiquités nationales" d'Aubin Louis Millin. Dès cette époque, le terme est utilisé *lato sensu,* puisqu'il englobe les édifices publics ou religieux, mais également les bâtiments privés, les objets, les lieux, les paysages et, en fait, tout ce qui peut fixer, illustrer, préciser l'histoire d'une nation.

[66] Ou patrimoine vernaculaire (de *vernaculus :* indigène, domestique).

instruments comme les réserves naturelles ou les parcs nationaux. Le concept de patrimoine naturel s'étend aujourd'hui (loi du 8 janvier 1993) à la notion de paysages et transcende désormais le tableau habituel des sites légendaires et pittoresques ;

- *le patrimoine vivant* recouvre notamment la diversité des races animales ou des espèces végétales qui font souvent l'objet de protection contre la destruction par l'homme (chasse, pêche etc.) ;

- *le patrimoine immatériel* enfin, étend le concept de patrimoine aux savoir-faire traditionnels dans les domaines les plus divers, depuis les métiers de l'art aux traditions populaires comme les danses folkloriques, aux langues ou chansons locales. Sous ce nouvel éclairage, le patrimoine n'est donc pas seulement qu'une accumulation cataloguée de monuments célèbres ou d'objets précieux, il relève aussi d'une approche sensible, d'une intelligibilité incorporelle, d'une démarche de civilisation. Il peut être le signe ou l'expression de l'attachement d'une communauté à son environnement et à son histoire[67].

### b) Catalogue lacunaire de l'ancien dispositif de protection et de valorisation du patrimoine national

Depuis le dernier quart du siècle dernier jusqu'à la fin du premier semestre 1996, le législateur est intervenu de manière sporadique et sans l'aide d'un schéma conducteur pour assurer la protection et la sauvegarde des éléments les plus remarquables du patrimoine national. Une loi du 30 mars 1887 offrait au ministre chargé de l'instruction publique et des beaux-arts, la faculté de classer les immeubles appartenant à des personnes publiques ou privées, dont la conservation revêtait du point de vue de l'histoire ou de l'art un intérêt national, de même que les objets mobiliers détenus par une collectivité publique. La loi du 31 décembre 1913 sur les Monuments historiques, plus

[67] *Op. cit.* Jean-Paul Hugot, sénateur.

audacieuse que la précédente, offrait à l'État la possibilité de classer un immeuble bâti même sans le consentement de son propriétaire (sous réserve d'un recours en justice).

Elle devait, quelques années plus tard, consacrer l'ensemble des principes élaborés au cours du XIX<sup>ème</sup> siècle, sous l'impulsion en particulier de Guizot, de Ludovic Vitet ou de Prosper Mérimée. Complétée notamment par une loi du 4 août 1962 instituant les secteurs sauvegardés et par une loi du 23 décembre 1970 relative aux objets mobiliers, cette loi constitue toujours à présent la charte de la protection des monuments historiques en France. Sur les fondements de cette loi, 14 000 immeubles ont été classés à ce jour[68] et 29 000 autres[69] inscrits à l'inventaire supplémentaire des monuments historiques. Plus de 220 000 objets mobiliers ont été protégés (130 000 classés et 90 000 inscrits).

Le classement ou l'inscription d'un bien à l'inventaire supplémentaire des monuments historiques impose au propriétaire le respect d'un certain nombre de servitudes, parmi lesquelles l'interdiction de détruire, de déplacer ou de modifier, même partiellement, de restaurer ou de réparer le bien considéré avoir obtenu l'accord du ministère de la culture dans le premier cas, ou sans l'en avoir préalablement informé dans le second cas. Il emporte également une protection des abords du monument sur un périmètre de cinq cents mètres.

En contrepartie, la protection offerte au titre de Monument historique fonde l'intervention de l'État en faveur de la restauration ou de l'entretien de ce patrimoine, soit directement par l'attribution de subventions, soit indirectement par l'octroi d'avantages fiscaux aux propriétaires. En 1996, le budget de l'État consacra près de 1,7 milliard de francs en autorisations de programme à la restauration et à l'entretien du patrimoine monumental. Cet effort s'inscrit depuis 1988 dans le cadre de lois de

---

[68] Parmi ceux-ci, 700 monuments n'ont fait l'objet que d'un classement partiel (façade, escalier, cheminée, fontaine...).

[69] Dont 3 000 font l'objet d'une inscription partielle.

programmation pluriannuelles[70] tendant à garantir la continuité de l'action de l'État.

En revanche, dès lors que l'on excepte la dotation symbolique inscrite depuis 1981 sur la ligne budgétaire "patrimoine rural non protégé", l'intervention de l'État en faveur des monuments non protégés se réduit quasiment à néant. Si on se livre à une rapide extrapolation à partir des travaux du service de l'Inventaire général, on peut estimer que ces quelques centaines de milliers édifices qui, sans justifier d'une protection au titre des MH, présentent un intérêt culturel rendant souhaitable leur conservation.

À ces édifices vernaculaires, s'ajoutent également les éléments patrimoniaux d'œuvres et ouvrages contemporains qui restent encore aujourd'hui insuffisamment pris en compte par l'État, parmi lesquels notamment les friches industrielles, le patrimoine du XX$^{ème}$ siècle, les parcs et jardins ou les sites naturels. C'est au souci d'identification, de reconnaissance, de préservation et de mise en valeur de ce patrimoine de proximité que la Fondation a désormais vocation à répondre en priorité.

L'instrument de cette reconnaissance, maintenant consacré par un label de qualité, n'emporte aucune conséquence juridique (ni servitude imposée au propriétaire, ni protection des abords)[71]. Il sanctionne la reconnaissance, à l'échelon national, de l'intérêt historique, artistique, naturel ou ethnologique particulier de l'édifice ou du site labellisé, justifiant qu'il soit conservé et mis en valeur comme élément du patrimoine national. Les critères de reconnaissance du patrimoine de proximité qui sont définis par la Fondation, doivent logiquement différer de ceux qui président à la protection des MH.

---

[70] Loi de programme n° 88-12 du 5 janvier 1988, pour la période 1988-1993. Loi de programme n° 93-1437 du 31 décembre 1993, pour les années 1994-1998.

[71] Cette dernière s'exerçant de façon uniforme sur un périmètre de 500 mètres autour du monument protégé, rendait particulièrement dissuasive et inadaptée toute mesure de classement ou d'inscription pour assurer la protection de ces édifices.

On peut imaginer en particulier que la mobilisation de la population locale, d'une association ou d'une collectivité territoriale en faveur de la sauvegarde d'un édifice ou d'un site constituera, indépendamment de son intérêt propre, un facteur digne de considération pour l'attribution du label. Par ailleurs, la démarche de la Fondation pourrait utilement compléter l'action de l'État, notamment dans les domaines où ce dernier vise uniquement à assurer la préservation de quelques monuments témoins représentatifs d'une époque ou d'une activité, comme c'est le cas en matière de patrimoine industriel.

La Fondation peut concourir à la préservation, voire à la réhabilitation de ce patrimoine de proximité, en apportant son concours financier aux propriétaires, publics ou privés, sous forme d'aides, d'avances financières remboursables ou de garanties d'emprunts[72]. Elle peut également soutenir leur action par ses conseils. Au surplus, en définissant de concert avec les associations, les collectivités territoriales et les propriétaires, des opérations de promotion touristique du patrimoine de proximité, la Fondation peut désormais contribuer à une répartition plus harmonieuse des flux touristiques sur l'ensemble du territoire (contre les problèmes de surcapacité, de désertification etc.).

### c) Stratégie de sauvetage des monuments historiques et des sites naturels menacés

L'article 6 de la loi du 31 décembre 1913 sur les monuments historiques offre à l'État la faculté de procéder à

[72] Dans le fil des objectifs annoncés par la Fondation, laquelle a notamment pour thème la promotion du patrimoine de proximité et la croissance de l'emploi, cette action s'inscrit aussi dans le cadre du développement socioprofessionnel local, grâce à l'auto-financement d'un tourisme culturel au service de la mémoire collective. En échange, le *Plan Patrimoine et emploi* devrait ouvrir au profit des investisseurs, dans les limites d'un champ d'application territorial, un financement de la restauration à l'aide d'une subvention de 51% minimum du montant des travaux acceptés aux propriétaires publics ou privés (V. supra, Plan de campagne).

l'expropriation d'un immeuble classé ou en instance de classement, en raison de l'intérêt public qu'il présente du point de vue de l'histoire ou de l'art. La même faculté est ouverte aux communes ou aux départements (V. Décret n° 84-1006 du 15 novembre 1984). L'objectif recherché est d'assurer la sauvegarde d'un immeuble classé menacé de destruction en permettant à une collectivité publique de se substituer, en dernier recours, à son propriétaire défaillant. Par ailleurs, l'article 16 de la loi du 2 mai 1930 ayant pour objet de réorganiser la protection des monuments naturels et des sites à caractère artistique, historique, scientifique, légendaire ou pittoresque confère la même prérogative à l'État en ce qui concerne les monuments naturels et les sites non classés dont il entend poursuivre le classement.

Dans les deux cas, la déclaration d'utilité publique, à laquelle est subordonnée l'expropriation, est prononcée dans les conditions prévues par le Code de l'expropriation, sous le contrôle du juge administratif. Depuis 1971[73], cette codification se destine notamment à vérifier que les atteintes portées à des intérêts privés ou généraux ne soient pas d'une importance telle qu'elles neutralisent le caractère d'utilité publique de l'opération considérée.

En pratique, l'État a usé avec la plus grande parcimonie des prérogatives qui lui étaient offertes, ne souhaitant pas, sauf exception, accroître son parc de monuments historiques. À l'image du *"National Trust"* britannique[74], la Fondation a vocation à acquérir les

[73] Conseil d'État, Ass., 28 mai 1971, Ministre de l'équipement et du logement contre Fédération de défense des personnes concernées par le projet actuellement dénommé "Ville nouvelle Est".

[74] Créé en 1895 pour protéger les monuments historiques et les sites naturels d'Angleterre, du pays de Galles et d'Irlande du Nord, cet établissement privé est devenu, un siècle plus tard, le plus important propriétaire foncier du Royaume-Uni. Le *National Trust Act* de 1907 lui interdit en effet d'aliéner ses biens. Il possède désormais 238 000 hectares de terrains, 885 kilomètres de côtes, 940 demeures accessibles au public, 162 parcs et jardins, 940 bâtiments industriels, 446 sites

éléments remarquables du patrimoine national menacé de péril. Cependant, si le *National Trust* sert incontestablement de référence à la Fondation, il ne saurait être question de rendre inaliénable les biens qu'elle est amenée à acquérir dans l'exercice de sa mission de sauvetage du patrimoine national, ou à les conserver indéfiniment après les avoir reçu par donation ou par legs. La vocation de la Fondation est d'assurer le *portage temporaire* des monuments ou des sites en péril, l'objectif poursuivi étant qu'elle puisse à terme revendre le bien à une personne publique ou privée capable d'en assumer la restauration et l'entretien.

Dans le prolongement de sa mission de service public au service des objets d'arts et des monuments, la Fondation participera vraisemblablement à la réalisation de guides touristiques présentant tout à la fois le patrimoine protégé, les sites naturels et le patrimoine de proximité des régions, en particulier des campagnes. Pour ce faire, elle devra aussi se pourvoir de structures commerciales (centrales d'achat, édition d'éditoriaux papier et télématique) afin d'aider les propriétaires, publics ou privés, à se doter de supports promotionnels. Elle pourra enfin encourager lesdits propriétaires à améliorer les conditions d'accueil du public (aménagement de comptoirs par exemple).

### d) Une structure juridique originale

La Fondation du patrimoine est une fondation reconnue d'utilité publique à statut dérogatoire[75]. Plutôt que

---

naturels et 40 000 sites archéologiques. De nombreux observateurs s'accordent aujourd'hui à reconnaître que cette institution *croule* de plus en plus sous le poids de ses tâches de gestion avec 2 700 salariés et 28 000 bénévoles (1,6 million d'heures de travail par an).

[75] Rappelons que la fondation est l'acte par lequel une ou plusieurs personnes physiques ou morales décident l'affectation irrévocable de biens, droits ou ressources à la réalisation d'une œuvre d'intérêt général et à but non lucratif. Par ailleurs, la section de l'intérieur du Conseil d'État formule un avis sur la déclaration d'utilité publique, à

de créer une personne morale *sui generis,* le législateur rattache la Fondation à une catégorie de personnes privées préexistantes. En tant que telle, la Fondation est subordonnée à l'autorisation administrative. Désormais, la publication au Journal Officiel du décret en Conseil d'État (du 18 avril 1997 ; J.O. du 20 avril 1997, p. 6016) lui accordant la reconnaissance d'utilité publique et approuvant ses statuts (7 titres), permet aujourd'hui à la Fondation d'accéder à la personnalité juridique[76].

Ainsi qu'il est indiqué plus haut, cet organisme déroge sur certains points au droit classique des fondations. Au centre de ces prérogatives exorbitantes[77] au droit commun se trouvent principalement :

- *la possibilité offerte aux personnes physiques ou morales d'adhérer directement à la Fondation.* L'adhésion directe à la Fondation ne s'effectuera pas librement, mais dans les conditions déterminées par ses statuts. Cette circonstance n'est pas de nature à porter atteinte aux principes constitutionnels puisqu'il s'agit ici d'adhérer à une fondation[78] et non pas à une association[79] ;

---

laquelle est subordonnée l'accession des fondations à la personnalité juridique.

[76] Sur ce chapitre, l'Institution se heurta à quelques difficultés sur le terrain réglementaire. En effet, le ministère des Finances s'était opposé à reconnaître les contributions des entreprises et des particuliers comme des actions de mécénat. Privée d'avantages fiscaux, les donateurs eurent été moins nombreux ou moins généreux. Après l'arbitrage du Premier ministre, un compromis favorable à la Fondation permit par suite la promulgation dudit décret.

[77] Notamment l'art. 8 qui autorise la Fondation à recourir pour son compte et à ses frais, à la mise en œuvre de prérogatives de puissance publique (expropriation pour cause d'utilité publique, procédure de préemption).

[78] La fondation est un groupement de biens personnifiés constitué par l'affectation irrévocable desdits biens, droits ou ressources à la réalisation d'une œuvre d'intérêt général. Sa création est subordonnée à autorisation administrative et a vocation à la perpétuité.

- *une pérennité qui repose sur l'engagement durable des fondateurs.* À la différence de la dotation initiale des fondations de droit commun, les apports constitutifs de la Fondation ne seront pas immobilisés : ils pourront directement servir à financer les actions définies par le conseil d'administration. La pérennité de la Fondation procède de la continuité de l'engagement des fondateurs au sein de l'organisme. Pour garantir cette continuité, le rédacteur a institué un mécanisme de responsabilité des membres fondateurs (dans la limite de leurs apports) à l'égard des dettes de la Fondation ;

- *les fondateurs conservent le pouvoir de décision au sein de la Fondation du patrimoine.* À la différence des fondations classiques dont les fondateurs perdent immédiatement le contrôle, ceux de la Fondation conservent la maîtrise des décisions prises par l'établissement. Ils disposeront ensemble de la majorité absolue des voix au sein du conseil d'administration.

Parmi les moyens d'action particulièrement efficaces dont dispose la Fondation pour surmonter les obstacles contentieux qu'elle rencontrera en droit privé, soulignons le bénéfice des prérogatives de puissance publique. Celles-ci s'organisent de trois manières :

- l'expropriation pour cause d'utilité publique des monuments historiques classés ou en instance de classement prévue par l'article 6 de la loi du 31 décembre 1913 sur les monuments historiques ;

---

[79] L'association est au contraire un groupement de personnes physiques ou morales (telle une association de communes). Sa constitution n'est subordonnée à aucune formalité (non déclarée à la préfecture) car la liberté d'association figure parmi les principes fondamentaux reconnus par les lois de la République et protégés par le Conseil Constitutionnel. Seules, les associations déclarées accèdent à la capacité juridique. Cette capacité est élargie aux associations agréées par un organe public ou reconnues d'utilité publique puisque ces dernières ont la faculté de recevoir des dons ou des legs.

- l'expropriation pour cause d'utilité publique des monuments naturels ou des sites non classés visée par l'article 16 de la loi du 2 mai 1930 ayant pour objet de réorganiser la protection des monuments de l'homme ou des sites naturels à caractère artistique, historique, scientifique, légendaire ou pittoresque ;

- la préemption en vente publique des œuvres d'art[80] prévue par les articles 37 et 38 de la loi du 31 décembre 1921 portant fixation du budget général de l'exercice 1922. Il s'agira plus précisément de ventes aux enchères de mobiliers de châteaux ou de demeures historiques, organisées aux fins de régler des droits de succession afférents aux immeubles et dont la conséquence est la dispersion des ensembles ou des collections constituées au fil du temps et présentant de ce fait, un intérêt historique ou artistique (V. les articles 1131 et 1716*bis* du C.G.I.).

D'autres moyens d'action mis en mouvement par la Fondation lui permettent de bénéficier d'une protection exorbitante du droit commun, comme le caractère insaisissable des biens acquis ou la faculté d'accueillir des comptes de fondations. Ce dernier privilège, réservé jusqu'en 1987 à la seule Fondation de France[81], a été plus largement étendu par la loi du 23 juillet 1987 sur le développement du mécénat aux fondations reconnues d'utilité publique agréées à cet effet.

Enfin, ajoutons à ces prérogatives exceptionnelles, l'encouragement d'un mécénat par l'application des dispositions fiscales réservées aux fondations reconnues d'utilité publique. On sait désormais, de l'aveu de son président (Édouard de Royère), que cette recette sera privilégiée pour atteindre les objectifs annoncés de la

[80] Sont considérées comme œuvre d'art : les curiosités, antiquités, livres anciens et tous objets de collection, de peintures, aquarelles, pastels, dessins, sculptures originales et tapisseries anciennes.

[81] La pratique administrative reconnaît toutefois le même avantage à l'Institut de France.

Fondation. De fait, les dons des particuliers, des associations ou des entreprises sont déductibles du revenu imposable dans les conditions définies respectivement par les articles 200 et 238*bis* du Code général des impôts. Au surplus, les donations et les legs que la Fondation est amenée à recevoir bénéficient de l'exonération des droits de mutation à titre gratuit prévue par les articles 795 et 795 A du même code[82].

## II - Examen des articles au cas par cas

*Article 1er : Nature juridique de la Fondation*

La Fondation du patrimoine, qui revêt une personnalité morale de droit privé à but non lucratif, est créée par une décision administrative ainsi qu'il est précisé à l'article 18 de la loi du 23 juillet 1987 (mécénat)[83]. À l'instar des fondations, l'institution est créée pour une durée illimitée pour l'accomplissement d'une œuvre dont la portée dépasse l'existence même de ses membres fondateurs[84]. Dans le but de préserver les dotations initiales, l'affectation

---

[82] Le bénéfice des dispositions de l'art. 156-II-1° *ter* du C.G.I. pourrait être étendu aux propriétaires de monuments historiques classés ou inscrits (déduction des revenus imposables, en totalité ou en partie selon que l'édifice est ou non accessible au public, des charges foncières afférentes à ces immeubles). S'agissant des propriétaires d'immeubles non protégés au titre des monuments historiques mais qui font partie du patrimoine national, ils peuvent d'ores et déjà bénéficier des avantages fiscaux prévus à l'art. 156-II-1° *ter* du C.G.I., dès lors qu'ils ont été agréés à cet effet par le ministre de l'Économie et des Finances. L'art. 41 H de l'annexe III du C.G.I. précise, en outre, les conditions d'application des dispositions de l'art. susdit aux immeubles bâtis agréés. Ainsi, la déductibilité des charges foncières est plafonnée à 50% de leur montant total.

[83] La fondation ne jouit de la capacité juridique qu'à compter de la date d'entrée en vigueur du décret en Conseil d'État accordant la reconnaissance d'utilité publique.

[84] Art. 18, alinéa 1er de la loi du 23 juillet 1987.

des biens, droits ou ressources demeure irrévocable même au-delà de la disparition des membres fondateurs.

En outre, la Fondation est soumise aux obligations comptables qui sont celles des fondations reconnues d'utilité publique ainsi qu'au contrôle de la tutelle sur le respect de ces obligations[85]. Enfin, les statuts de la Fondation doivent se rapprocher des statuts types des fondations reconnues d'utilité publique préparés par le Conseil d'État et le ministère de l'Intérieur, sous réserve des spécificités justifiées par les dérogations introduites notamment aux articles 3, 4 et 6 de la présente loi.

*Article 2 : Objet de l'institution*

Cet article précise les buts de la Fondation, lesquels recoupent les missions analysées plus haut et la trilogie classique de la politique du patrimoine : 1°) identifier et protéger ; 2°) conserver ; 3°) mettre en valeur. Le but général consiste à promouvoir la connaissance et la mise en valeur du patrimoine national, en apportant son concours à des personnes publiques ou privées[86]. Pour remplir sa mission, la Fondation peut agir indirectement, par le biais de soutiens logistiques (conseils) ou financiers (subventions, exonérations, privilèges), mais également directement. Pour ce faire, la Fondation peut, dans les cas où cela s'avère incontournable, acquérir les biens à sauvegarder.

Le *label Patrimoine de France* peut être attribué non seulement à des éléments du patrimoine architectural non protégés, mais aussi à des sites naturels ou paysagers, que ces derniers fassent ou non par ailleurs l'objet de mesures de protection. Le texte prévoit également que le label de la Fondation est susceptible d'être pris en compte pour l'octroi de l'agrément fiscal prévu à l'article 156-II-1° *ter* du C.G.I. (6ème alinéa de l'art. 1er du décret).

---

[85] Art. 18, alinéa 5 de la loi du 23 juillet 1987.

[86] Notamment pour la gestion et la présentation au public de ces biens, qu'ils aient ou non fait l'objet de mesures de protection prévues par la loi.

*Article 3 : Apports constitutifs à la Fondation*[87]

La Fondation peut être à bien des égards rapprochée des fondations classiques (V. décret n° 66-388 du 13 juin 1966), lesquelles consistent en "l'affectation irrévocable (par une ou plusieurs personnes physiques ou morales) de biens, droits ou ressources à la réalisation d'une œuvre d'intérêt général et à but non lucratif"[88].

Cet article qui introduit l'une des grandes originalités de l'institution (l'adhésion directe), se décompose en deux parties distinctes :

- comme toutes les fondations reconnues d'utilité publique, la Fondation est constituée par un certain nombre de membres fondateurs, personnes publiques ou privées, apportant chacune une dotation initiale. Les fondateurs ne peuvent échanger ou céder leurs droits qu'avec l'autorisation de la puissance publique[89]. Les droits d'un fondateur disparu sont répartis entre les autres fondateurs selon les modalités prévues par les statuts (article 18), afin de préserver l'affectation irrévocable des apports initiaux à la réalisation des objectifs d'intérêt général de l'institution et la perpétuité de celle-ci ;

- le dernier alinéa de l'article emprunte au droit des associations, puisqu'il prévoit que des personnes physiques

---

[87] Compte tenu des missions qui sont imparties à la Fondation, on peut imaginer que ces apports soient versés pour l'essentiel en numéraire. Mais rien ne s'oppose en réalité à ce qu'ils soient également constitués de biens corporels : immobiliers (siège social et/ou immeubles de rapport), mobiliers (objets d'art, collections) ; ou de droits immatériels (droits d'auteur ou brevets).

[88] Art. 18, premier alinéa de la loi n° 87-571 du 23 juillet 1987 sur le développement du mécénat.

[89] Décret en Conseil d'État pour les fondateurs initiaux et décret simple pour les fondateurs ayant, par la suite, rejoint la Fondation.

ou morales, publiques ou privées, peuvent adhérer dans les conditions prévues par les statuts[90] à la Fondation à condition de s'acquitter d'une cotisation annuelle dont le montant est déterminé par le conseil d'administration. Cette adhésion ouvre droit aux avantages prévus par les statuts"[91]. En cela, la Fondation se rapproche du *National Trust* britannique dont le soutien populaire est le plus grand atout.

*Article 4 : Responsabilité des fondateurs à l'égard des dettes de la Fondation*

À la différence du droit commun où la responsabilité financière à l'égard des dettes d'un organisme est assumée de façon solidaire et illimitée, la loi dispose que les membres fondateurs sont individuellement responsables des dettes de la Fondation dans la limite de leurs apports. Une dernière précision qui peut être considérée comme une sécurité pour les fondateurs, est contenue dans le second alinéa de l'article qui dispose : "les créanciers de la Fondation ne peuvent poursuivre les fondateurs pour paiement des dettes de celle-ci qu'après l'avoir préalablement et vainement poursuivie".

*Article 5 : Insaisissabilité des biens de la Fondation*

Les monuments, édifices, ensembles mobiliers ou éléments remarquables des espaces naturels ou paysagers que la Fondation a acquis pour assurer la réalisation de sa mission de sauvegarde sont insaisissables par les créanciers de la Fondation. *A contrario*, les biens détenus par la

---

[90] Les adhérents directs sont représentés au sein du Conseil d'administration par le biais de représentants élus par l'Assemblée générale.

[91] L'adhésion (simple, de soutien, bienfaiteur) ouvrira droit à différents niveaux aux avantages tels que l'accès privilégié : à un certain nombre de monuments et de sites ; à des visites et des parcours commentés par des conservateurs ; à l'offre de voyages à l'étranger ; à des informations par des stages ou conférences ; à une information personnalisée par bulletins et autres publications internes à la Fondation (article 24).

Fondation qui ne sont pas directement rattachés à sa mission de protection artistique ou historique (bâtiments administratifs dont elle serait propriétaire par exemple), demeurent saisissables. Une exception à cette protection est prévue pour les cas où un créancier du précédent propriétaire aurait régulièrement fait publier ses droits sur le bien lors de son acquisition par la Fondation.

*Article 6 : Formation du Conseil d'administration*

En application du droit commun, la Fondation est administrée par un conseil d'administration, lequel élit son président. Mais la conformité s'arrête là, car la composition de ce conseil[92] s'écarte sensiblement de ce que prévoient habituellement les statuts proposés par le ministère de l'Intérieur pour des organismes de ce type.

Plusieurs éléments sont remarquables :

- une place prédominante est accordée aux membres fondateurs[93]. Leurs représentants respectifs disposent d'un nombre de voix déterminé proportionnellement à leur part dans les apports et ceci, dans la limite du tiers du nombre total des voix. Mais surtout, le rédacteur précise que "les représentants des fondateurs doivent disposer ensemble de la majorité absolue des voix au Conseil d'administration".

---

[92] Parmi les membres de ce conseil, on y trouve notamment : un sénateur et un député ; trois représentants des communes, des départements et des régions ; un maire, un président de conseil général et un président de conseil régional respectivement désignés par leur Association représentative ; un membre de l'Institut de France ; deux personnalités qualifiées désignées respectivement par le ministre de la Culture et le ministre de l'Environnement ; puis trois représentants élus par les membres adhérents de la Fondation. Déplorons cependant l'absence de représentation du tourisme (politique, administratif ou de droit privé) au sein de ce noyau dur (Décret, art. 3).

[93] Les représentants des fondateurs disposent ensemble de 529 voix au total, sans qu'un fondateur puisse détenir plus de 352 voix (Décret, art. 6).

Cette spécificité marque une rupture avec la conception traditionnelle des fondations, sachant que les membres fondateurs disposent ainsi d'une maîtrise des décisions, voire d'un pouvoir discrétionnaire au sein de la Fondation ;

- une représentation politique est instituée en dedans la Fondation à raison d'un seul membre de chaque assemblée désigné par le président de chacune des chambres respectives ;

- les pouvoirs publics sont également associés à l'action de l'institution. Ainsi, le pouvoir exécutif est représenté par des délégués des ministères de la Culture et de l'environnement. Leur pouvoir décisionnel demeure cependant moindre que dans les fondations classiques, puisque selon les indications données au Rapporteur, ils disposent de moins d'un sixième des voix ;

- en raison du rôle important qui est le sien en matière de patrimoine de proximité, le conseil d'administration comprend également des représentants de la classe politique (collectivités territoriales : ville, département, région) dans une proportion égale à celle des parlementaires ;

- enfin, les adhérents (titre V des statuts) sont représentés par trois membres élus pour quatre années renouvelables par l'Assemblée générale des adhérents au scrutin uninominal majoritaire à deux tours. Par ailleurs, les candidats devront être à jour de leur cotisation et être âgés de 18 ans révolus à la date du scrutin.

L'information des conditions de désignation et de renouvellement des membres des Conseils d'administration et d'orientation est présentée aux articles 3 à 10 des statuts. La fonction de membre du Conseil d'administration est gratuite (art. 10). Aux côtés du Conseil d'administration, il a été institué un Conseil d'orientation de neuf membres désignés pour trois ans renouvelables, composé notamment de représentants des associations ainsi que de personnalités qualifiées chargées d'un rôle consultatif, œuvrant pour la défense et la mise en valeur du patrimoine naturel et culturel (décret, art. 8). Cette disposition permet sans doute de mieux associer aux actions ponctuelles de la Fondation, l'expérience d'acteurs expérimentés (scientifiques et techniciens de l'art) se relayant sur le territoire.

*Article 7 : Ressources de la Fondation (Titre IV du décret)*

Le législateur a mentionné de manière exhaustive les ressources de la Fondation avec lesquelles seulement elle devra réaliser les missions qui lui sont dévolues. Ses apports initiaux s'élevant à 32 millions de francs constatés dans l'annexe de ses statuts, la plupart de ses ressources correspond aux éléments traditionnels de financement des fondations. Il s'agit :

- des revenus que génèrent ses biens constitués de la dotation d'immeubles de rapport. De même que la Fondation pourra dans le cadre de ses activités accessoires, tirer des revenus de son activité en facturant ses prestations de services (conseil, expertise, tickets d'entrée, vente de guide et d'objets dans le cadre de l'exploitation des sites et monuments dont elle assure la gestion) ;

- des produits du placement de ses fonds puisque l'institution peut détenir des valeurs mobilières (actions, Fonds communs de placement, SICAV) dont les intérêts et dividendes sont utilisés pour financer ses actions[94] ;

- des cotisations provenant de ses adhérents directs ;

- des subventions publiques, quoique ces ressources provenant de l'État, des collectivités locales ou des établissements publics ne constituent pas une source de financement majeur ;

- des dons et legs comme toute fondation reconnue d'utilité publique. Cependant, les libéralités en capital sont

[94] Lorsque la Fondation possède des parts ou actions des sociétés détenues ou contrôlées par des fondateurs, elle ne peut exercer les droits de vote attachés à ces valeurs mobilières.

soumises à autorisation administrative du préfet du département du siège de la fondation pour les libéralités d'un montant inférieur à cinq millions de francs, du ministre de l'Intérieur au-delà de cette somme. La Fondation n'ayant pas vocation, comme on l'a vu plus haut, à demeurer propriétaire des biens qu'elle prend en charge à un moment donné, il serait souhaitable que l'administration émette des réserves quant aux dons et legs comportant une affectation irrévocable des biens en cause à la Fondation. Par ailleurs, la Fondation pourra également bénéficier de dons manuels, c'est-à-dire de libéralités transférant la propriété d'un bien par simple tradition, de la main à la main pour lesquels aucune autorisation n'est requise[95].

La jurisprudence administrative veille à ce que ces actes ne portent pas atteinte au principe de l'action désintéressée d'une fondation. Elle utilise pour cela un faisceau de critères qui précise dans quelles conditions ces activités sont acceptables[96].

*Article 8 : Recours à des prérogatives de puissance publique*

Cette disposition confère à la Fondation la possibilité d'acquérir un bien meuble ou immeuble, ou un site naturel classé ou en voie de classement, grâce à une procédure d'expropriation dans les conditions prévues par les lois du 31 décembre 1913 et du 2 mai 1930 sur les monuments et les sites, ou de préemption en vente publique par la loi du 31 décembre 1921 (budget 1922, art. 37 et 38). La Fondation n'exerce pas directement ces procédures

[95] Cependant, le transfert à la Fondation par don manuel de biens ayant par leur nature et leur importance (ex. un portefeuille de titres au porteur) un caractère patrimonial, avec en conséquence, affectation à la dotation, est soumis à autorisation administrative expresse (Conseil d'État, avis du 13 février 1979 : *Debbasch-Langeron - Les Fondations).*

[96] Absence d'avantage matériel au profit des fondateurs et dirigeants, excédents assurément réinvestis dans l'œuvre elle-même etc.

strictement réservées à la puissance publique[97]. Sur ce chapitre, l'État conserve intact son pouvoir de décision mais il peut désormais faire application de ces prérogatives sur la demande de la Fondation ou avec l'accord de celle-ci, à son bénéfice et à sa charge.

C'est donc la Fondation qui devient propriétaire du bien exproprié ou préempté et qui en assume les charges d'entretien et de rénovation. À l'issue d'une période de *portage* qui doit permettre la restauration du bien, la Fondation peut ensuite céder le bien de gré à gré à des personnes publiques ou privées dans les conditions prévues à l'article 9-2 de la loi du 31 décembre 1913 précitée.

Cependant, le législateur s'est bien gardé de prévoir un délai de portage temporaire des biens acquis dans le seul but de les sauvegarder, car la non-observance de ce délai pourrait être suivie d'une rétrocession en l'état dudit bien à son ancien propriétaire. d'ailleurs, l'article 8 esquive habilement l'expression de *portage temporaire* pour ne pas avoir à entrer dans une logique encore non admise en droit positif français : "La fiducie" *(trust* en droit anglo-américain). Là encore, voyons une différence de fond avec le *National Trust* anglo-saxon. Définie comme une structure légère ou un organisme relais, la Fondation n'a donc pas vocation à devenir systématiquement et de façon permanente propriétaire des biens qu'elle acquiert dans un but déterminé et motivé. En cela, il est indéniable qu'il existe bien dans cette loi une occurrence fidéicommmissaire, réminiscence d'une très ancienne pratique royale parmi les formes de mancipations fiduciaires de l'Ancien droit[98].

---

[97] La demande d'expropriation ou de préemption est adressée par le président de la Fondation du patrimoine, réquisition dûment autorisée dans les conditions prévues par l'article 12, à l'autorité compétente de l'État. Elle est accompagnée d'un cahier des charges décrivant les mesures de sauvegarde et les modalités de gestion envisagées par la Fondation. Ce cahier, qui fixe les obligations auxquelles le cessionnaire souscrit, est annexé à l'acte de cession et approuvé par décret en Conseil d'État (décret, art. 2, I, II et III).

[98] Dans l'axe du décret révolutionnaire des 25 octobre et 14

L'expropriation d'un propriétaire privé est justifiée en droit par *l'intérêt public que présente le bien en cause au point de vue de l'histoire ou de l'art* (article 6 de la loi du 31 décembre 1913 précitée). Or, la Fondation n'est nullement investie d'une mission de service public et, il paraît pour le moins hardi d'autoriser cette institution à imposer à un éventuel cessionnaire, des servitudes correspondant à la sauvegarde de l'intérêt public qui a motivé l'expropriation. Pour aplanir cette difficulté, le dispositif est encadré d'un cahier des charges déterminé par la puissance publique, de même que les dispositions du quatrième alinéa de l'article 9-2 de la loi du 31 décembre 1913 susdite lui est applicable, en apportant ainsi toutes les garanties de respect à la fois des intérêts publics en jeu et du droit de propriété.

Enfin, comme toute collectivité publique propriétaire d'un immeuble classé à la suite d'une expropriation, la Fondation ne pourra céder un tel bien qu'après avoir entendu les observations du ministre de la Culture sur cette aliénation, à peine de nullité de la vente[99].

*Article 9 : Fondations abritées au sein de la Fondation*

La Fondation du patrimoine peut accueillir des fondations filiales disposant d'un capital propre, mais dépourvues de la personnalité juridique. Suivant l'article 18 de la loi du 23 juillet 1987 (mécénat), il est en effet possible de créer une fondation, c'est-à-dire de décider l'affectation irrévocable de biens, droits ou ressources à la réalisation d'une œuvre d'intérêt général et à but non lucratif, sans pour autant demander la reconnaissance d'utilité publique et la personnalité juridique. La fondation est alors créée au

---

novembre 1792 et des immortels principes de la Constituante, l'article 896 du Code Napoléon abrogea toutes les formes de substitutions testamentaires ou de donations entre vifs. Le législateur impérial mit ainsi fin à l'*usureceptio fiduciae*. De sorte, l'usucapion permettait à une personne qui avait aliéné son bien par un pacte de fiducie, d'en retrouver la propriété une année plus tard sans qu'il n'ait été formulé un contrat de bonne foi *(Cf.* D. Desurvire, P. A. n[os] 23 et 25, fév. 1993).

[99] Art. 8, quatrième alinéa, de la loi du 31 décembre 1913.

sein d'une fondation reconnue d'utilité publique, par voie de libéralité avec charges, la fondation mère prenant la gestion de la fondation filiale en conformité avec la mission d'intérêt général de cette dernière[100].

À l'instar le l'*Institut de France* et, plus récemment la *Fondation de France,* la *Fondation du patrimoine* pourra accueillir et gérer des fondations dépourvues de personnalité juridique, à la condition que leurs objectifs individuels s'accordent aux missions générales de la Fondation, telles que définies à l'article 2 de la présente loi. Cette possibilité permet de créer des comptes d'affectation spéciaux au sein de la Fondation, destinés à assurer la préservation et la mise en valeur d'un bien particulier.

*Article 10 : Régime fiscal de la Fondation*

Afin de mettre la Fondation à l'abri d'une interprétation restrictive des services fiscaux de la rue de Bercy et par suite, de tout risque contentieux, cet article vise explicitement à faire bénéficier la Fondation des dispositions du C.G.I. applicables aux fondations reconnues d'utilité publique. Cette reconnaissance est traditionnellement accompagnée de mesures fiscales privilégiées, en contrepartie du service rendu par l'institution à la collectivité.

Ces avantages se décomposent ainsi :

- d'une exonération totale de l'impôt sur les sociétés (I.S.) pour les revenus d'immeubles (autres que les bâtiments ruraux) exonérés de la taxe foncière par application des articles 1382 et 1394 du C.G.I. ;

- d'une exonération totale de l'I.S. pour les revenus fonciers, agricoles et forestiers qui concourent directement à

---

[100] En 1987, la loi sur le développement du mécénat a étendu cette possibilité aux fondations reconnues d'utilité publique qui y sont autorisées par leurs statuts (art. 238 *bis*-5 du C.G.I.). À ce propos, voir, de R. Chotin, au journal *Petites affiches* n° 28 du 28 nov. 1997, "Opérations de mécénat et de parrainage : une complexité décourageante !".

l'objet de la Fondation (lesquels ne sont donc pas considérés comme des placements à caractère lucratif) ;

- de la possibilité d'utiliser l'avoir fiscal sur les dividendes provenant d'actions de sociétés françaises en paiement de l'impôt sur les sociétés ;

- d'une exonération de la T.V.A. pour les opérations dont les prix ont été homologués par l'autorité publique, ou bien qui ne sont pas habituellement réalisées, à des prix analogues par des entreprises commerciales[101] ;

- d'une exonération de la T.V.A. sur les recettes de six manifestations de bienfaisance ou de soutien par an[102] ;

- d'une réduction d'impôt à concurrence de 40% du montant de celui-ci (dans la limite de 5% du revenu imposable) au bénéfice des donateurs particuliers ;

- d'une réduction (sur l'I.S. ou l'I.R. des B.I.C.) des bénéfices imposables dans la limite de 3‰ du chiffre d'affaire hors taxe pour les entreprises donatrices[103].

Enfin, l'article 795 A du C.G.I. exonère des droits de mutation à titre gratuit de biens immeubles classés ou inscrits, mais aussi à l'article 795 précédent, les dons et legs consentis aux établissements d'utilité publique, dont les ressources sont affectées à des œuvres scientifiques, culturelles ou artistiques à caractère désintéressé.

*Article 11 : Création et dissolution de la Fondation*

Comme le prévoit l'article 18, alinéa 2, de la loi du 23 juillet 1987 (mécénat), la reconnaissance d'utilité publique et la personnalité juridique sont conférées à la Fondation par décret en Conseil d'État portant approbation de ses

---

[101] Art. 261-7-1°b du C.G.I.

[102] Art. 261-7-1°c du C.G.I.

[103] Art. 238*bis* du C.G.I. Lorsque le versement excède cette limite, l'excédent peut être reporté sur les trois exercices suivants.

statuts[104]. Tout aussi traditionnellement, le second alinéa de cet article prévoit que la reconnaissance d'utilité publique peut être retirée dans les formes où elle a été accordée si la Fondation ne remplit pas les conditions nécessaires à la réalisation de l'objet pour lequel elle a été instituée, ou si par la suite, elle s'en détourne.

Il faut cependant souligner que le retrait de cette reconnaissance est un acte extrêmement grave, qui n'intervient qu'en dernière instance dès lors qu'aucune autre solution n'a été trouvée. Cela revient à retirer la personnalité juridique à la fondation et du même coup, la priver de ses moyens d'agir. Bien que la loi n'y fasse aucune référence, on notera que cette disposition se rapproche davantage du régime juridique des fondations d'entreprises que de celui des fondations reconnues d'utilité publique, lequel prévoit la possibilité d'une dissolution volontaire et sous le contrôle de l'autorité administrative[105].

*Article 12 : Tutelle exercée sur la Fondation*

Pour s'assurer de la régularité du fonctionnement de la Fondation, l'autorité administrative est habilitée à se faire communiquer tous documents et à procéder à toute investigation utile. Elle est destinataire du rapport d'activité et des comptes annuels (compte de résultat, bilan et documents annexes) de cette institution indépendante. Ces contrôles sont comparables à ceux qui sont traditionnellement exécutés par les pouvoirs publics pour exercer leur tutelle sur les fondations reconnues d'utilité publique. De son côté, la Fondation est tenue d'adresser chaque année à l'administration fiscale, un rapport d'activité et ses comptes annuels.

Lors des travaux préparatoires, l'Assemblée nationale a complété cet article par un alinéa qui prévoit la désignation par l'État d'un ou plusieurs commissaires du Gouvernement

[104] La Fondation du patrimoine siège à Paris 75016 (sous réserve d'un transfert décidé par le conseil d'administration), palais de Chaillot, aile Paris, 1, place du Trocadéro.

[105] Art. 19-11 et 19-12 de la loi du 23 juillet 1987.

qui assistent aux séances du Conseil d'administration de la Fondation avec voix consultatives. Ils peuvent, en outre, exiger une seconde délibération qui ne pourra être votée qu'à la majorité des deux tiers.

*Article 13 : Soumission de la Fondation au contrôle de la Cour des comptes*

Cette précision est manifestement utile dans la mesure où un tel contrôle peut être compris comme une garantie supplémentaire de bonne gestion[106]. Dans un souci de clarté et de transparence, il ne paraît donc pas inutile de rappeler ici expressément l'existence de ce contrôle, qui paraît de nature, dans le contexte actuel des affaires politiques ou crapuleuses, à rassurer les bienfaiteurs potentiels.

*Article 14 : Protection de l'appellation "Fondation du patrimoine"*

Cet article protège l'institution contre toute utilisation abusive de sa raison sociale (utilisation de sa dénomination) et prévoit de sanctionner pénalement les contrevenants d'une amende de 25 000 francs. Son objectif est d'interdire qu'une autre personne morale puisse faire usage et usurper cette dénomination. Néanmoins, le législateur ne saurait interdire l'utilisation de cet intitulé de manière plus précise - citons par exemple la "Fondation du patrimoine maritime et fluvial" - que certains organismes peuvent utiliser dans le prolongement de leur mission.

o o o

Lorsque l'État a en charge la responsabilité d'une activité, assez paradoxalement le citoyen-contribuable en attend tout, passivement, sans se préoccuper de l'action qui pourrait être la sienne. De sorte, en provoquant l'éclosion puis l'expression d'un mouvement en faveur du patrimoine

[106] La Fondation aurait, de toute façon, été soumise à ce contrôle, même en l'absence de cette mention en tant qu'organisme habilité à recevoir des subventions publiques et à faire appel à la générosité publique (art. L. 111-7 et L. 111-8 du Code des juridictions financières).

reposant à la base sur des initiatives individuelles ou associatives, la Fondation s'ouvre vers de nouvelles perspectives culturelles en favorisant la participation directe des individus, des associations et des entreprises citoyennes à la vie de la cité[107]. Mais une véritable action de sensibilisation et d'explication reste encore à mener pour convaincre le public qu'il est directement concerné et qu'il peut désormais s'engager, intellectuellement et/ou financièrement, à promouvoir le patrimoine de la France. De ce fait, l'omnipotence de l'État dans ce domaine est un leurre car il ne saurait répondre à tous les besoins, tout protéger et tout entretenir[108]. Ce pourquoi, en mettant en place un instrument efficace à la disposition d'une nouvelle philosophie de la protection du patrimoine, la Fondation doit tout à la fois servir de levier à l'ensemble des initiatives collectives et de catalyseur aux enthousiasmes individuels qui ne demandent, semble-t-il, qu'à se manifester.

---

[107] Chez nos voisins germaniques, la culture est l'affaire de chaque *land* puisqu'il n'existe pas de ministère fédéral des affaires culturelles. En Grande-Bretagne, c'est le *National Trust of Historic Interest or Natural Beauty,* premier propriétaire foncier du pays, lequel détient la plupart des joyaux architecturaux du Royaume. Aux États-Unis, 10% seulement du budget de la culture sont alimentés par les pouvoirs publics, le principal étant financé par des investisseurs privés (legs, sponsoring). La France, depuis Malraux, est l'un des rares pays au monde à posséder une vraie politique budgétaire dans ce domaine.

[108] On ne saurait malgré tout condamner les limites de l'action publique ; laquelle doit prioritairement sauvegarder les richesses nationales, dont le patrimoine bâti. Il ne s'agit pas là de Colbertisme résurgent, mais de contrôle et de raison. Dans le rapport au Parlement pour 1994 sur la loi de programme relative au patrimoine monumental, il fut retenu que l'État, dépositaire du droit de définir au nom de la collectivité, de ce qui doit être protégé ou conservé, a le devoir de veiller aux conditions matérielles de cette conservation en apportant avec régularité des moyens financiers ainsi que des compétences scientifiques et techniques (juridiques, artistiques, intellectuelles).

# DERNIÈRES REFLEXIONS

Côté montage, la principale préoccupation des décideurs, promoteurs (sociétés de portage), sociétés d'exploitation et bailleurs de fonds, s'exprime par une prétendue insuffisance opérationnelle des cabinets de consultants et praticiens dispersés sur notre territoire. D'aucuns leur reprochent la maigre capacité de nombreux bureaux et leur absence d'envergure, voire de qualification professionnelle (carence des prestations multisecteurs et de coordidation), sinon la variété des compétences des praticiens ou la complémentarité des professions qu'ils enferment (V. *Espaces* n° 143, p. 31 et suiv.).

Alors que les cabinets de *consulting* anglo-saxons ne cessent de se développer à l'échelle mondiale, la France prendrait ostensiblement du retard sur le terrain de l'organisation et du *lobbying*. Pourtant, notre savoir-faire demeure indiscutablement l'un des meilleurs quant aux disciplines les plus pointues en matière de restauration ou de reproduction d'art, grâce aux talents développés dans les écoles de tradition et leur rigueur professionnelle (les compagnons du *Tour de France* ou autres confrérie corporatiste du Devoir). L'exportation de l'école française fait bien des émules dans le monde. De sorte que la transposition de nos techniques de pointe et notre précieux acquis séculaire, dont l'esprit de coterie reste intact, devraient susciter davantage de demandes depuis l'étranger.

Mais pour être compétitive, la mobilisation française des acteurs locaux autour des bureaux professionnels des segments *tourisme/loisirs/culture* doit s'enrichir d'une démarche d'ingénierie touristico-culturelle regroupant des spécialités professionnelles ayant la capacité d'œuvrer dans toutes les disciplines sur un même programme, quel que soit le lieu d'implantation (mobilité transnationale, mutualisation des moyens, synergie des réseaux de contacts, développement de la communication et des langues). Cette logique implique aussi la destination de l'ouvrage, le volume du chantier ou la définition du concept. Une étude de faisabilité doit, par conséquent, s'acheminer vers une expertise juridique, financière et fiscale des projets (maîtrise totale du projet en amont comme en aval, conseils en droits nationaux et comparés, caution bancaire et soutien contractuel des élus). Concomitamment, il sera impératif d'examiner la vraisemblance des délais de livraison ainsi que le risque de cotraitance industrielle et intellectuelle parfois politiquement incontournable[109].

De surcroît, il faudra aussi procéder à une évaluation comptable globale du coût puis successivement mettre en mouvement : un audit de solvabilité des partenaires commerciaux (notation, *scoring) ;* un diagnostic prospectif d'exploitation et d'amortissement (plan marketing, schéma de croissance économique du *resort) ;* puis une recherche simultanée des sources de financement locales, nationales communautaires ou internationales (programme des Nations Unies pour le développement [P.N.U.D.], fonds européen de développement [F.E.D.], subventions publiques, dégrèvements fiscaux et parafiscaux, etc.).

L'internationalisation des missions d'études suppose un corollaire de connaissances pluridisciplinaires en étroite collaboration avec les acteurs professionnels les plus qualifiés sur le site et par voie de conséquent, des partenaires économiques privés et institutionnels disposant quelque part, dans un intérêt convergeant, d'une aide à offrir ou d'un service à vendre.

Convaincre est à ce prix. Quand bien même l'entrepreneur serait le meilleur ouvrier, il ne saurait, au risque d'échouer, dissocier le talent individuel d'une formation de spécialistes administrée, ni sacrifier sur l'autel des certitudes, un pragmatisme d'investigation, certes contraignant, mais toujours profitable. Les réformes législative et réglementaire des professions d'exercice libéral (Loi n° 90-1258 du 31 décembre 1990 et ses nombreux

---

[109] Contrats en partenariat avec des entreprises de B.T.P. et des souscripteurs étrangers, obstacles douaniers au passage des matériaux de construction, technicités bureaucratiques et obligations administratives (traités de coopération, circulation des devises, conventions salariales etc.).

décrets), lesquelles peuvent se constituer en sociétés civiles professionnelles, devrait progressivement permettre de combler ce déficit de fonctionnement, à la condition toutefois que les motivations spécifiques des intervenants et les incitations fiscales soient à la hauteur des enjeux.

Côté faisabilité, la réaffectation d'immeubles anciens pose de vraies questions. Certains édifices n'ont pas été conçus à l'origine pour recevoir des touristes en grand nombre, d'autres, *a fortiori*, ne sauraient être destinés à la permanence d'une hôtellerie au risque de nuire à l'harmonie architecturale. Néanmoins, les architectures transformées sont des projets qu'il est possible de classer selon la fonction initiale de chaque bâtiment : lieux d'activité, équipements, habitat et ville. À ce propos, le centre d'information de la Documentation et d'exposition d'urbanisme et d'architecture de la ville (Pavillon de l'Arsenal à Paris), exprime ce primat en ces termes :

"Quand la fonction devient obsolète, la forme qui la contenait continue sa vie. Un usage nouveau s'empare du bâtiment sans qu'il perde forcément son intégrité formelle. Il apparaît une déconnexion entre la forme et la fonction. Le bâtiment n'exprime plus la fonction qu'il abrite. Pourtant, on ne peut réduire ce constat à un refus de l'existence d'une corrélation entre usage et image. Lors de la conception du bâtiment, un créateur ne peut que s'interroger sur l'expression qu'il donne à son œuvre. Une fois l'œuvre achevée, livrée, elle quitte sa perfection idéale. Le temps la rend autre. Il va se glisser en elle, toujours en léger décalage avec les prévisions. C'est cet écart, entre ce qui a été conçu et ce qui est, qui apporte un soupçon supplémentaire de poésie à l'architecture".

Côté réalisations anciennes, 48,84% du parc monumental protégé au titre des MH est détenu, selon l'inventaire du patrimoine français, par des propriétaires privés (dynasties familiales ou acquéreurs particuliers) ; le reste se répartissant entre les communes (44,8%), les départements (1,47%), les établissements publics (0,65%) et l'État (4,24%). Retenons que 47,21% des édifices protégés, aujourd'hui debout, ont majoritairement pour origine la période des temps modernes entre les XVIème et le XVIIIème siècles (34,75% entre le VIème et le XVème siècles pour le moyen Âge), contre seulement 12,29% des bâtiments édifiés entre les XIXème et le XXème siècles.

Dernière constatation, 26,87% de ces monuments sont habités principalement comme résidence principale (pleine propriété, copropriété ou location), la grande majorité d'entre eux étant constitué d'édifices religieux et funéraires (41,77%). On retiendra par conséquent que plus du quart de ce parc abrite des foyers de vie (les châteaux ou des manoirs représentent 15,17% de ce capital immobilier), tandis que 1 500 MH seulement sont ouverts à la visite, appartenant indifféremment à l'État, à des collectivités publiques (communes, départements) ou à des propriétaires privés (particuliers ou personnes morales). Nous sommes donc très loin du compte depuis les quelque quarante mille édifices classés ou inscrits recensés par le Centre National de Documentation du Patrimoine (130 000 édifices font néanmoins l'objet d'études répertoriées par les services de la Commission nationale de l'Inventaire général).

Ceci pour constater que l'État n'est pas le seul ni le premier protecteur du patrimoine, *car les propriétaires privés sont également les bienfaiteurs des pierres* (Historia spécial n° 9710, page 49). D'ailleurs, avec un budget de 1 milliard de francs seulement dévolu au patrimoine monumental par le ministère de la Culture, on ne saurait aujourd'hui encore entretenir le mythe d'une action culturelle conduite par la seule force du bras séculier de l'État. Ce pourquoi, le maître mot apparaît désormais sous les vocables modernes de la décentralisation et de la déconcentration, lesquels correspondent mieux aux aspirations et initiatives individuelles. Une fois écarté les tabous entretenus par les vieilles barbes doctorales du Palais royal et autres académies poussiéreuses, il sera donc désormais exclu de sacrifier nos plus belles demeures d'autrefois sur l'autel de l'art fondamental, au motif de les préserver des souillures de l'homme ! (Où passe les *golden hordes,* l'art s'évanouit ; Ash J. Turner, London, 1975).

*Dernières réflexions*

La recherche des initiatives privées conduira sans doute les pouvoirs publics à susciter de nouvelles vocations en multipliant les encouragements, en rapprochant des actions individuelles comme à fusionner la Direction de l'Architecture avec la Direction du Patrimoine. Cette synergie provoquée n'appelle certes pas un regroupement régalien des pouvoirs administratifs ni n'engage des conflits de rivalité avec perte d'énergie et conflits de clochers, ce qui serait contraire à la politique actuelle du Commissariat à la réforme de l'État. Il paraît certes plus louable de conjuguer les savoirs, de mêler les expériences, donc d'économiser des efforts inutiles en leur donnant plus d'efficacité dans l'interprétation pragmatique des spécialités de chacun.

Sur le terrain, une autre réalité mérite d'être connue : qui vend et qui exploite l'illustre patrimoine bâti français sorti des abysses de l'histoire ? Dans la seule région regroupant le Périgord, le Limousin, le Quercy et l'Aquitaine ; 75 châteaux, manoirs, gentilhommières et propriétés de caractère sont offerts à la vente par la seule agence Gilbert Boyer (catalogue *Périgord week-end* 1996). Il est certain que le potentiel de mise en vente des domaines de prestige excède largement à ce jour le millier sur l'hexagone. Pour répondre à cette seconde question, l'exploitation en hébergement saisonnier du tourisme d'agrément (dit de loisir) ou du tourisme d'affaires se partage principalement entre cinq grandes organisations commerciales ou associatives, lesquelles représentent pas moins de 10% de l'hébergement touristique en France.

Ces réseaux, dont certains entrent dans un catalogue international, comprennent principalement :

- les *Relais & Châteaux* regroupent 130 établissements en France (413 hôtels et/ou restaurants sur quatre continents) ;

- les *Relais du Silence* comptent 170 points d'accueil en hébergement sur l'ensemble du territoire français en partie constitués d'élégantes demeures ancestrales (328 résidences en Europe occidentale) ;

- *Château Accueil* propose dans son guide 63 édifices anciens d'architecture colossale destinés pour des séjours en château et demeures de famille en France ;

- *Bienvenue au Château* regroupe dans l'ouest de la France 116 propriétaires de châteaux qui se présentent comme des amis pour recevoir ses visiteurs (clients) dans le calme, l'intimité des salons et le confort du logis ;

- *Châteaux et Hôtels Indépendants* présente dans 22 régions françaises, pas moins de 440 hébergements en châteaux, manoirs, moulins et maisons traditionnelles en formule hôtel ou en châteaux privés recevant des hôtes.

D'autres chaînes hôtelières comme *The Leading Hotels of the World* propose aux touristes de prestigieux monuments comme l'Hôtel du Palais à Biarritz ou le Domaine Royal à Évian ; ou encore *Concorde Hôtel* avec son opulent château de la Messardière à Saint-Tropez. On n'oubliera pas davantage parmi ses 43 000 adresses la *Maison des Gîtes de France* dont on retiendra seulement, outre des centaines d'autres manoirs et maisons de maître, le château-de-Bessay en Côte Atlantique ou le château Saint-Martin-de-Pallières dans le Var.

Mais il existe une constellation d'organismes que nous ne saurions parcourir de façon exhaustive, depuis *les Grandes Étapes Françaises* avec ses onze châteaux-hôtels, aux chambres d'hôtes, lesquelles proposent ici et là de véritables propriétés seigneuriales dans leur immense choix d'hébergement dissimulant de rustiques et fascinantes architectures d'une valeur dite de mémoire. Voila qui prouve, s'il en était besoin, l'extraordinaire déploiement de transactions et d'activités que génère le patrimoine immobilier ancien de la France, sans quoi, aujourd'hui, il n'en resterait pas grand chose.

À l'heure où nous allons tout à coup basculer sur l'autre versant du troisième millénaire et où chacun se projette dans le futur, est-il raisonnable de s'installer dans la désuétude des murs d'autrefois ? Mais l'antithèse du futur n'est-il pas justement d'entrer dans un passé résurgent ? Faire connaître ou découvrir ce qui existe déjà est aussi un moyen de précipiter dans l'avenir immédiat les choses inconnes de l'histoire, donc encore neuves pour le néophyte en quête de rêves. Ainsi, dans le terme réinventer, on y trouve la notion de nouveauté assise sur l'existant. L'effet de mode, c'est aussi cela ! En l'occurrence, mes propos suggèrent d'aller fouiller dans le bâti ancien pour y trouver, dans une modernité confortable recréée, le sentiment émouvant de découvrir l'art, une architecture de caractère ou une résonance de l'histoire, tout cela dans une ambiance qui se veut conviviale mais mystérieuse.

Soyons persuadés que jamais la culture ne se démode. Pour preuve, elle s'inscrit dans la permanence par l'éducation et le tourisme. Il suffira de promouvoir cette action de salubrité culturelle par le tourisme d'hébergement et installer, en terme de marketing, *le besoin avant la demande* pour enfin voir jaillir spontanément un nouvel engouement pour les belles choses d'autrefois et provoquer ainsi l'ivresse du passé. N'est-ce pas un philosophe chinois qui prétendait par ce précept : qu'*en nourrissant les racines du passé, c'était donner les fleurs de demain" ?*

Le concept *Timeshare,* rameau du tourisme culturel parce qu'il peut engendrer la promotion et la valorisation de l'identité régionale grâce à sa conformation juridique spécifique ci-dessus exposée (Chapitre II, §-A), offre une réponse d'espoir qui devrait faciliter la tâche des entrepreneurs locaux comme celle des esthètes. Concomitamment, grâce à la plasticité du modèle de vacances en temps partagé, cette formule constitue un moyen économique supplémentaire de s'engager vers une autonomie de survie durable des bâtiments anciens digne d'intérêt[110]. D'ailleurs, qui croirait encore à l'incontournable

[110] À ce propos, l'emploi générique de l'expression *tourisme culturel* pour fixer le concept de l'art associé au voyageur, limite bien souvent le visiteur aux seules activités relatives à l'écomusée (trajet, espace de visite clos, guide conférencier, interprétation). De telle sorte, qu'il est rare que l'on se préoccupe de prendre en charge d'un bout à l'autre cette clientèle, c'est-à-dire d'héberger ces visiteurs encore mal perçus comme des touristes et inversement, ces touristes

*État providence* alors que le Gouvergement ne cesse de se désengager des décisions locales et relègue aux collectivités régionales les responsabilités budgétaires qui sont par nature les leurs ? À la condition d'assisté, succède la liberté d'entreprendre, d'oser en matière de décision ou d'innovation et de légitimer par l'action publique, les droits et les pouvoirs des élus jadis centralisés ("l'État c'est nous" écrivit Marc Ullmann).

Quelques expériences pilotes, réalisées à l'initiative d'opérateurs privés avec le concours d'acteurs publics, installeraient une troisième génération du concept des vacances en temps partagé, avec ceci de différent des réalisations déjà engagées dans cette voie, qu'elle promet d'être rentable à court terme et durable quant au devenir d'une telle formule[111]. Entendons que la notion de rentabilité doit prendre le relais des secours administrés de nos monuments et pour ce faire, la mise en tourisme du patrimoine culturel ne doit pas se priver des nouvelles

---

comme de vrais esthètes en quête de savoir.

[111] Voir p. 20 et suiv. de la revue *Espaces* n° 143, janvier /février 1997 : "Le Timeshare culturel, un concept au service de la réhabilitation du patrimoine" (D. Desurvire). Nous avons énuméré plus haut (voir supra, note 44) quelques exemples de restaurations architecturales réussies provoqués par d'heureuses initiatives individuelles. Cependant, ces entreprises courageuses n'ont pas été menées sans difficulté et les acteurs de ces chantiers trouveraient probablement davantage d'émules si ce telles initiatives étaient encadrées (faisabilité, prévision économique). De sorte, le but d'une opération groupée reviendrait à applianir ces écueils (voir supra, notes 21 et 22), offrir la sécurité d'un cahier des charges (contrôle du respect historique de l'œuvre) et d'apporter aux initiateurs et investisseurs un plan de réalisation fiscal et financier, des moyens techniques sur le terrain, des opérations propres à avancer le programme de manière immédiate (coordination et articulation des opérateurs avec l'architecte des bâtiments de France, le bureau d'études en charge du dossier, les pouvoirs publics locaux dont dépendent les autorisations, les administrations dispensatrices d'aides et subventions etc.).

technologies d'interprétation ni se fermer aux montages même des plus atypiques de l'industrie hôtelière dès lors qu'ils ne défigurent pas une façade ni ne trahissent un héritage. À ce propos, déplorons, à l'aube du XXIème siècle, qu'il existe encore certains clivages larvés entre intellectuels se réclamant d'un conservatisme culturel rédhibitoire résolument fermé au tourisme populaire. Barricadés derrière une idéologie étriquée, ceux-ci se refusent obstinément à s'ouvrir à toutes les catégories de voyageurs, dès lors que ces touristes oseraient exiger davantage qu'un ticket de visite. Au-delà du monde aseptisé des musées et des colonnes de visiteurs guidés, soyons persuadés que cette querelle d'arrière-garde est réducteur de l'art et constitue un frein à sa vulgarisation.

Redonner la vie à une demeure d'autrefois c'est laisser entendre les bruits domestiques des hommes dans le ventre de ses murs. “Conserver n'est pas fossiliser” expliquait avec bon sens l'architecte Bruno Decaris. L'hébergement au sein d'un site historique ne constitue pas un outrage à la culture, de même que ce tourisme là ne doit pas être systématiquement appréhendé en terme de pollution ou de déprédation. Nous en voulons pour preuve l'immense vitrine que constituent *les monuments historiques privés,* lesquels, sous l'hospice des ministères concernés, des associations (La demeure historique, vieilles maisons françaises) et dans le cadre d'une opération “L'affaire de tous”, ont déjà ouvert leur porte au grand public lors des *journées du patrimoine.* Voyons là une sympathique passerelle entre la diffusion des connaissances sur le patrimoine et la politique de mécénat que peuvent développer des entreprises commerciales ou des particuliers exploitants à des fins touristiques et culturelles.

Depuis le partage du savoir à l'adoption d'un hébergement d'accueil, il n'y a pas de tourisme propre ou de tourisme sale.[112] Entre les deux, c'est l'idée de

[112] Parfois, l'esprit collectionneur l'emporte sur l'inclinaison philanthropique et certains conservateurs observent ostensiblement une attitude quelque peu hostile en face de populations ondulantes et sonores, jugée au mieux comme un

promotion, d'éducation et d'enrichissement qui doit désormais faire la différence. Le visiteur de tout rang est d'abord un citoyen du monde qui mérite d'être considéré pour son goût des connaissances et satisfait pour sa curiosité. Mais il est aussi un voyageur qui a besoin d'être pris en charge, hébergé et même nourri. Installé de manière moins fugitive qu'un simple visiteur de passage, cet agent économique de l'art participera davantage à la restauration et à la sauvegarde d'un monument, grâce aux plus amples moyens financiers qu'il dégage et des services nouveaux qu'il génère. L'écomusée, avec ses accents solennels, son prosélytisme d'État et son austérité monacale doit être réinventé dynamisé, amplifié, soutenu par une action commerciale vraisemblablement plus durable qu'un assistanat institutionnel qui s'essouffle par temps de crise. Le tourisme ne doit-il pas aujourd'hui prendre le relais des subventions publiques et des allégements fiscaux ?

La relance de la propriété-vacances dans un secteur aussi valorisant que l'art architectural ancien ne doit donc pas être comprise comme une utopie économique ou une extravagance de l'esprit (voir supra, note 44 ; une liste déjà impressionnante de réalisations en temps partagé en hommage à la culture), ou encore, une nouvelle opération commerciale dénuée d'un véritable intérêt culturel, car il s'agit bien là d'une véritable chance. Ainsi, le principe des charges issues de la formule des vacances en temps partagé permet d'établir des plans pluriannuels d'entretien ou de restauration, sans risque, pour le régisseur, de se trouver à la merci d'une carence de moyens matériels ou d'une insuffisance des recettes d'exploitation provoquée par une

---

"mal nécessaire", au pire comme une horde de canuts ! Pour illustrer cette remarque, citons le saisissant témoignage rapporté par Philippe Moisset (in, *Les Cahiers Espaces,* hors série avril 1997, *Interprétation du patrimoine)* : "Comme tout le monde, vous avez des problèmes pour conserver votre patrimoine et l'entretenir. Vous pouvez effectivement vous tourner vers la fréquentation touristique pour résoudre ces difficultés mais, si vous n'aimez pas les gens, je vous propose plutôt d'essayer d'épouser une héritière".

désertion accidentelle de sa clientèle (intempéries, dévaluation de la devise étrangère ou hausse du franc etc.). L'idée veut que cette initiative profite à tous : l'art pouvant exprimer un besoin économique légitime et le profit s'ouvrant à la faculté de véhiculer autre chose qu'un sordide intérêt vénal empreint d'intentions vaniteuses et cupides. Pour autant, faut-il systématiquement diaboliser l'argent ?

Par la magie onirique d'une escapade chez nos anciens et l'alchimie du Timeshare, *l'hébergement culturel en temps partagé* pourrait être perçu par l'acquéreur comme une parcelle de l'histoire exhumée du temps, l'espace de quelques jours d'imprégnation physique et de pénétration intellectuelle. Pourquoi ne pas créer un effet de mode, réveiller l'envie d'une appartenance familiale, lointaine, légendaire, mystérieuse, exotique... stimuler le frisson de ses origines ? Telle affiche illustrant l'opulence massive et orgueilleuse des demeures d'autrefois ou tel slogan porteur de ce message ostentatoire saurait assurément répandre sur les vitrines outre-Atlantiques, cette appétence pour les armes et blasons romanesques gravés dans les moellons verticaux du vieux continent : “acheter en *partage*, un *espace* dans un château pour un *temps* de l'histoire”.

Et pourquoi ne pas proposer à nos lointains parents de la Louisiane ou du Québec, voir aux communautés francophones d'Argentine ou d'Australie dont beaucoup sont en quête de leur racines généalogiques, d'acheter un peu de leur histoire en entrant dans les murs d'une illustre demeure de France ? *Pour le coût modeste d'un droit de propriété spatio-temporel, des acquéreurs outre-Atlantiques, ou d'ailleurs, auraient quelque part le sentiment de posséder une parcelle du terroir de leurs ancêtres, voire d'appartenir à l'histoire d'une authentique famille française, laquelle autrefois fut peut-être aussi la leur.*

Que serait l'art sans esthète, un somptueux monument sans visiteur, une demeure de charme inhabitée sinon un collier de perles sans le buste gracile d'une femme ? Or, le tourisme met en mouvement un public hétérogène, profane ou intellectuel, des outils de communication populaires et de solides moyens financiers qui provoquent une synergie des métiers de l'hôtellerie, de la culture et de l'artisanat. En outre, le patrimoine de caractère constitué de bâtis anciens apporte une valeur ajoutée au tourisme, de même que l'industrie du tourisme et la mise en restauration du gros œuvre architectural vernaculaire sont autant de gisements d'emplois durables, voire permanents, de revitalisation économique en communauté rurale et de renouveau socio-culturel à chaque palier de l'échelle nationale.

L'ardoise et la pierre constituent *l'interface loisir* de cette jungle de béton et d'acier dans laquelle la vie citadine se meut dans un rythme effréné. Contre la pollution, le bruit et la vie trépidante des mégapoles ; les espaces naturels et les matériaux simples, jadis tirés du sol pour abriter les villageois, remplissent aujourd'hui un rôle d'exutoire voire d'antidote contre l'agression, la démence et la démesure du monde moderne. Alors, cessons de couler partout du béton[113] au prix fort alors que nombreuses sont les petites communes de province dont les maires, propriétaires particuliers ou affectataires, associations locales et autres collectivités publiques, cherchent désespérément des solutions honorables[114], même à céder l'encombrant

[113] S'il fallait encourager l'initiative dans ce sens, d'aucuns sauraient invoquer la noblesse de la pierre installée dans le temps... D'une manière plus prosaïque, lorsqu'on aborde l'âge d'un bâtiment en béton, on évoque sa vétusté ; tandis que les ouvrages architecturaux de facture ancienne, ceux qui, en regard de l'intérêt historique ô combien prévalent sur l'art contemporain, comptent les siècles comme s'il s'agissait d'une plus-value !

[114] De nombreux édifices anciens - tombés en déshérence, saisis par le Trésor et adjugés pour le compte du Domaine public - abritent le plus souvent aujourd'hui des œuvres sociales (centres de loisir saisonnier pour jeunes, établissements associatifs d'accueil permanent, hospices ou institutions de soin, de rééducation ou d'insertion). Une telle destination parfois inadaptée et provisoire, nonobstant le caractère louable, sanitaire et/ou caritatif de l'endroit, n'encourage pas, *a priori*, la valorisation patrimoniale du bien immeuble dont l'exploitation peu fonctionnelle dans son architecture ou dans son espace, n'autorise pas toujours

ouvrage à un prix symbolique, pour réduire la charge insupportable que leur coûte la sauvegarde

*d'un antique moulin à eau encore assis sur la végétation ruisselante de son bief,*

*l'enceinte toujours debout d'une abbatiale romane au cœur des décombres d'une cité monastique du fond de laquelle résonne encore le faible écho d'une cantilène,*

*les vestiges arborescents d'une gentilhommière du XV*ème *siècle avec son parc paysager livré au désordre naturel et ses bassins à l'abandon,*

*une ferme anglo-normande abritée de larges dépendances autour d'une cour cloîtrée plantée au milieu d'une propriété agricole en jachère,*

*un navire échoué de fort tonnage dont l'étrave, pétrifiée dans un ultime mouvement de gîte, n'a pourtant pas perdu de sa superbe,*

*les restes basaltiques d'un beffroi fièrement dressé au-dessus des arcs-boutants d'un prieuré, telle une sentinelle jaillissant d'une enclave fortifiée aux portes d'une ancienne citée gallo-romaine,*

*une manufacture royale déchue par le progrès*[115]*,*

*ou les robustes courtines d'un ouvrage militaire de la Guerre 14-18...*

---

une élévation culturelle du monument. Subsiste néanmoins un doute : que serait-il advenu de ces bâtiments de l'histoire sans la présence protectrice, même inconfortable, des quelques milliers d'institutions sociales ainsi logées ? Ne doit-on pas justement encourager l'insertion de populations pénales ou en difficulté dans un décor culturel ?

[115] L'*Indicateur du patrimoine industriel de la Charente* est une illustration de ce modèle de valorisation des bâtiments industriels en Poitou-Charentes. Pour l'ensemble du département, 327 dossiers ont été établis, qui sont à présent consultables dans la base *Palissy* pour les objets et dans la base *Mérimée* pour les édifices.

# Charte Internationale sur la conservation et la restauration des monuments et des sites

## Venise, le 31 mai 1964

### Définition

*Article 1er* - La notion de monument historique comprend la création architecturale isolée aussi bien que les sites urbain ou rural qui porte témoignage d'une civilisation particulière, d'une évolution significative ou d'un événement historique. Elle s'étend non seulement aux grandes créations, mais aussi aux œuvres modestes qui ont acquis avec le temps une signification culturelle.

*Art. 2* - La conservation et la restauration des monuments constituent une discipline qui fait appel à toutes les sciences et toutes les techniques qui peuvent contribuer à l'étude et à la sauvegarde du patrimoine monumental.

### But

*Art. 3* - La conservation et la restauration des monuments visent à sauvegarder tout autant l'œuvre d'art que le témoin de l'histoire.

### Conservation

*Art. 4* - La conservation des monuments impose d'abord la permanence de leur entretien.

*Art. 5* - La conservation des monuments est toujours favorisée par l'affectation de ceux-ci à une fonction utile à la société ; une telle affectation est donc souhaitable, mais elle ne peut altérer l'ordonnance ou le décor des édifices. C'est dans ces limites qu'il faut concevoir et que l'on peut autoriser les aménagements exigés par l'évolution des usages et des coutumes.

*Art. 6* - La conservation des monuments implique celle d'un cadre à son échelle. Lorsque le cadre traditionnel subsiste, celui-ci sera conservé, et toute construction nouvelle, toute destruction et tout aménagement qui pourrait altérer le rapport de volumes et de couleurs seront proscrits.

*Art. 7* - Le monument est inséparable de l'histoire dont il est témoin et du milieu où il se situe. En conséquence, le déplacement de tout ou partie de monument ne peut être toléré que lorsque la sauvegarde du monument l'exige ou que des raisons d'un grand intérêt national ou international le justifient.
*Art. 8* - Les éléments de peinture, de sculpture ou de décoration qui fait partie intégrante du monument ne peuvent en être séparés que lorsque cette mesure est la seule susceptible d'assurer la conservation.

**Restauration**

*art. 9* - La restauration est une opération qui doit garder un caractère exceptionnel. Elle a pour but de conserver et de révéler les valeurs esthétiques et historiques du monument et se fonde sur le respect de la substance ancienne et de documents authentiques. Elle s'arrête là où commence l'hypothèse : sur le plan des reconstitutions conjoncturales, tout travail de complément reconnu indispensable pour raisons esthétiques relève de la composition architecturale et portera la marque du temps. La restauration sera toujours précédée et accompagnée d'une étude archéologique et historique du monument.
*art. 10* - Lorsque les techniques traditionnelles se révèlent inadéquates, la consolidation d'un monument peut être assurée en faisant appel à toutes les techniques modernes de conservation et de construction dont l'efficacité aura été démontrée par des données scientifiques et garantie par l'expérience.
*Art. 11* - Les apports valables de toutes les époques à l'édification d'un monument doivent être respectés, l'unité de style n'étant pas un but à atteindre au cours d'une restauration. Lorsqu'un édifice comporte plusieurs états superposés, le dégagement d'un état sous-jacent ne se justifie qu'exceptionnellement et à condition que les éléments enlevés ne présentent que peu d'intérêt, que la composition mise à jour constitue un témoignage de haute valeur historique, archéologique ou esthétique, et que son état de conservation soit jugé suffisant. Le jugement sur la valeur des éléments en question et la décision sur les

éliminations à opérer ne peuvent dépendre du seul auteur du projet ;
*Art. 12* - Les éléments destinés à remplacer les parties manquantes doivent s'intégrer harmonieusement à l'ensemble, tout en se distinguant des parties originales, afin que la restauration ne falsifie par le document d'art et d'histoire.
Art. 13 - Les adjonctions ne peuvent être tolérées que pour autant qu'elles respectent toutes les parties intéressantes de l'édifice, son cadre traditionnel, l'équilibre de sa composition et ses relations avec le milieu environnant.

**Sites monumentaux**

*Art. 14* - Les sites monumentaux doivent faire l'objet de soins spéciaux afin de sauvegarder leur intégrité et d'assurer leur assainissement, leur aménagement et leur mise en valeur. Les travaux de conservation et de restauration qui y sont exécutés doivent s'inspirer des principes énoncés aux articles précédents.

**Fouilles**

*Art. 15* - Les travaux de fouilles doivent s'exécuter conformément à des normes scientifiques et à la "Recommandation définissant les principes internationaux à appliquer en matière de fouilles archéologiques" adoptée par l'Unesco en 1956.
L'aménagement des ruines et les mesures nécessaires à la conservation et à la protection permanente des éléments architecturaux et des objets découverts seront assurés ; en outre, toutes les initiatives seront prises en vue de faciliter la compréhension du monument mis à jour sans jamais en dénaturer la signification.
Tout travail de reconstruction devra cependant être exclu *a priori ;* seule l'anastylose peut être envisagée, c'est-à-dire la recomposition des parties existantes mais démembrées. Les éléments d'intégration seront toujours reconnaissables et représenteront le minimum nécessaire pour assurer les conditions de conservation du monument et rétablir la continuité de ses formes.

### Documentation et publication

*Art. 16* - Les travaux de conservation, de restauration et de fouilles seront toujours accompagnés de la constitution d'une documentation précise sous forme de rapports analytiques et critiques illustrés de dessins et de photographies. Toutes les phases de travaux de dégagement, de consolidation, de recomposition et d'intégration, ainsi que les éléments techniques et formels identifiés au cours des travaux y seront consignés. cette documentation sera déposée dans les archives d'un organisme public et mise à la disposition des chercheurs ; sa publication est recommandée.

*Nota bene :* Laissant à chaque nation le soin d'assurer l'application des principes qui président à la sauvegarde de son patrimoine, ceci dans le cadre de sa propre culture et de ses traditions, cette Charte, héritière de la Charte d'Athènes de 1931, fut approuvée lors du II$^{ème}$ Congrès international des architectes et des techniciens des MH.

o o o

Parmi les nombreuses conventions et chartes adoptées sous l'égide du Conseil de l'Europe et élaborées par les organisations internationales durant la seconde partie du XX$^{ème}$ siècle, retenons, pour le sujet qui nous venons de développer, celles qui suivent :

- **La Convention pour la protection du patrimoine mondial, culturel et naturel** du 16 novembre 1972. Ratifiée le 1$^{er}$ janvier 1995 par 140 États membres, cet acte entend protéger 440 biens culturels et naturels répartis dans une centaine de pays.

- **La Convention pour la sauvegarde du patrimoine architectural de l'Europe** (ou Convention de Grenade), adoptée par la 17$^{ème}$ conférence de l'Unesco le 16 novembre 1972, fit l'objet en France du décret n° 88-206 du 29 février 1988. Les politiques de *conservation intégrée* ont été définies à Grenade le 3 octobre 1985.

- **La Charte du Tourisme culturel,** issue d'un séminaire qui s'est tenu à Bruxelles les 8 et 9 novembre 1976 sur le thème international du tourisme et de l'humanisme contemporain entre *Icomos* et quelques organisations mondiales et régionales, mit en œuvre une action universelle de sauvegarde, de conservation et de mise en valeur du patrimoine. On retiendra plus particulièrement l'article 3 de ce document reproduit en suivant :

*Le tourisme culturel est celui qui a pour objet, entre autres objectifs, la découverte de sites et des monuments. Il exerce sur ceux-ci un effet positif considérable dans la mesure où, pour ses propres fins, il concourt à leur maintien en vie et à leur protection. Cette forme de tourisme justifie en effet les efforts que ce maintien et cette protection exigent de la communauté humaine, en raison des bénéfices socio-culturels et économiques qui en découlent pour l'ensemble des populations concernées.*

- **La Charte internationale pour la sauvegarde des Villes historiques,** rédigée par Icomos le 4 décembre 1986, elle vient compléter la Charte de Venise avec des méthodes et des instruments mieux adaptés à la situation des villes historiques quant à leur sauvegarde, l'harmonie de la vie collective et individuelle. Ce texte tend à perpétuer la valeur de biens terrestres, même modestes, qui constitue le ferment historique d'une ville.

Par ailleurs, dans des domaines proches du thème que nous venons de travailler, rappelons l'importance de la **Charte de Florence** née de la réunion, le 21 mai 1981, du *Comité international des Jardins historiques* et *Icomos,* relative à la sauvegarde des jardins historiques ; puis en 1990, **la Charte internationale pour la protection et la gestion du patrimoine archéologique** qui énonce les principes fondamentaux et les recommandations d'une portée globale s'agissant de l'objet même de son principe énoncé en générique, mais venant suppléer les recommandations définissant les principes internationaux à appliquer en matière de fouilles archéologiques adoptée par l'*Unesco* en 1956.

## Quelques abréviations utilisées dans le texte

**A.B.F.** : Architecte des monuments de France

**A.F.I.T.** : Agence française d'ingénieurie touristique

**A.F.U.** : Association foncière urbaine

**A.F.U.L.** : Association foncière urbaine libre

**A.J.P.I.** : Actualité Juridique Propriété Immobilière (Groupe Moniteur-C.E.P.)

**A.N.** : Assemblée nationale

**Art.** : Article

**B.I.C.** : Bénéfices industriels et commerciaux

**B.T.P.** : Bâtiment et travaux publics

**C.A.A.** : Cour administrative d'appel

**C. de l'urb.** : Code de l'urbanisme

**C.E.** : Conseil d'État

**Cf** : *Confert* ( repporter à)

**C.G.I.** : Code général des impôts

**C.N.M.H.S.** : Caisse nationale des monuments historiques et des sites

**C.O.R.E.P.H.A.E.** : Commission régionale du patrimoine historique, archéologique et ethnologique

**C.O.S.** : coefficient d'occupation des sols

**et suiv.** : et suivant ou « *ss* » suivant le chiffre

**E.P.C.I.** : Établissement public de coopération intercommunale

**E.U.R.L.** : Entreprise unipersonnelle à responsabilité limitée

**G.I.E.** : Groupement d'intérêt économique

**G.I.P.** : Groupement d'intérêt public

**I.C.O.M.O.S.** : *International Council on Monuments and Sites*

**I.S.** : Impôt sur les sociétés

**J.O.** : Journal officel de la République française

**O.N.G.** : Organisation non gouvernementale

**Op. cit.** : *Opus citatum* (ouvrage cité)

**P.A.Z.** : plan d'aménagement de zones

**P. A.** : Petites affiches (journaux judiciaires associés)

**P.O.S.** : Plan d'occupation des sols

**P.S.M.V.** : Plan de sauvegarde et de mise en valeur

**S.A.** : Société anonyme

**S.A.I.J.T.P.** : Société d'attribution d'immeubles en jouissance à temps partagé

**S.A.R.L.** : Société à responsabilité limitée

**S.C.I.** : Société civile immobilière

**S.C.P.I.** : Société civile de placement immobilier

**S.E.** : Société d'exploitation

**S.N.C.** : Société en nom collectif

**T.V.A** : Taxe sur la valeur ajoutée

**U.E.** : Union européenne

**U.N.E.S.C.O.** : *United Nations Educational, Scientific and Cultural Organization*

**V. (V. égal.)** : Voir, voir également

**Z.A.C.** : zone d'aménagement concertée

**Z.P.P.A.U.P.** : Zone de protection du patrimoine architectural, urbain et paysager

## Quelques travaux et ouvrages thématiques pour aller plus loin dans l'investigation historique, architecturale, fiscale, juridique et urbaine

**Association française de normalisation (A.F.N.O.R.) :** Recueil de normes (2 tomes).

**Caisse nationale des monuments historiques et des sites :** Les librairies du patrimoine (Hôtel de Sully - 62, rue Saint-Antoine, 75004 Paris) ; Librairies des jardins (grille de la Concorde, sous la terrasse du Jeu de Paume. Domaine national du Louvre et des Tuileries, 75001 Paris). Voir : Le patrimoine en France, les choix de la mémoire, coédit. Cnmhs/Galimard, collection *Découverte ;* Histoire de l'architecture française, XIX$^{ème}$ et XX$^{ème}$ siècles, coédit. Cnmhs/Mengès ; Les éditions multimédias du patrimoine (CD-ROM). Une approche de l'histoire de France à partir d'une nécopole républicaine (le Panthéon) ; Les éditions du Patrimoine (catalogue général), 200 pages, 1998.

**Centre d'assistance technique et de documentation (C.A.T.E.D.) :** Le Centre édite des ouvrages techniques destinés aux professionnels de la construction et du bâtiment. Informations pratiques.

**Conseils d'architecture, d'urbanisme et de l'environnement (C.A.U.E.) :** Séquence CAUE, l'Inédite, Fédération nationale des CAUE, Paris 1992. V. égal. Cours de métré du bâtiment tous corps d'État, Eyrolles, Paris 1990.

**D. Davoust :** L'imputation des déficits fonciers dans le cadre de la loi Malraux (Commentaire de jurisprudence ; Le quotidien juridique n° 54, 8 juillet 1997, p. 19).

**R. Dinkel :** Encyclopédie du Patrimoine (Les Encyclopédies du Patrimoine. 2, rue Valois - 75001 Paris). Cet ouvrage apporte une information quasiment exhaustive autour des MH, du Patrimoine bâti et naturel, quant à leur protection, leur restauration et la réglementation qui les entoure (Doctrine, technique, pratique). Véritable outil de travail, René Dinkel, Conservateur régional des Monuments historique, a réalisé un travail de fourmi accompagné dans ses recherches de centaines de spécialistes. On trouvera en troisième partie, un répertoire des acteurs de la restauration du patrimoine un organigramme et un carnet d'adresses (architectes du patrimoine, Bureaux d'études, laboratoires, centres de formation, entreprises, organismes d'intérêt public, bureaux de contrôle et autres).

**Direction du Patrimoine :** La D.P. propose des fascicules de la mission technique et économique (Paris). Ces documents fournissent avec une précision professionnelle, les bases relatives aux ouvrages de la pierre de taille, de la maçonnerie, de la charpente en bois, des couvertures, des vitraux).

**J. Duhem :** Défiscalisation et restauration immobilière, un nouveau souffle donné à la "Loi Malraux" (Droit fiscal, éd. Juris-Classeur n° 42, p. 1500 à 1502, 1995).

**G. Duval :** Restauration et réutilisation des monuments anciens, techniques contemporaines, Mardaga, Bruxelles.

**P. Fernoux :** La loi Malraux, le point sur une défiscalisation mal en point (Doctrine, Droit et patrimoine, mai 1997, p. 26 et suiv.).

**P.-L. Fleury :** Loi Malraux, mode d'emploi (Coll. investissement conseil, éd. Édicom, Paris, 1992).

**Les éditions du Journal Officiel de la République française :**
- Protection du patrimoine historique et esthétique de la France (édition 1997).
- Bureaux d'études (sociétés d'ingénierie, sociétés de conseil - cahier des clauses comptables applicables à la détermination des coûts de revient des prestations, édition 1986).

**M. Leroy :** Fiscalité et patrimoine culturel. Des incitations controlées (Droit fiscal, éd. Juris-Classeur n° 31-36, 3 septembre 1997).

**Mémento pratiques Francis Lefebvre :** (Immobilier - juridique-fiscal) Gestion (1 volume), Urbanisme Construction (1 volume).

**J.-M. Pérouse de Montclos :** Architecture, méthode et vocabulaire, Imprimerie nationale (Paris), 1992.

**J.-E. Skovron :** "Loi Malraux" et initiative des travaux de rénovation urbaine (Commentaire de jurisprudence ; Bulletin Joly, novembre 1996, § 353).

## Quelques services télématiques, vidéo, informatiques et annuaires électroniques (sites internet et minitel) pour rechercher les MH et le patrimoine ancien (rural ou urbain) ; les métiers du B.T.P.

**3615 CULTURE ;** ou Internet http://www.culture.fr/ pour découvrir l'Inventaire général et des MH présentant un intérêt patrimonial. Centre National de Documentation du Patrimoine : albin@culture.fr, zveguinz@culture.fr

**3615 UNESCO ;** liste complète des monuments et sites du patrimoine culturel et naturel inscrits sur la liste du patrimoine mondial (Internet : http///www.unesco.org/whc/ ou gopher://gopher.unesco.org/11/Heritage). 36 15 UNESCO.

**3614 JOCONDE ;** accès aux 130 000 notices sur les édifices et MH classés ou instrits. Sur la base MERIMEE apparaît l'ensemble du patrimoine monumental au titre de la loi sur les monuments historiques et étudiés par l'inventaire général [23 623 maisons, 4 003 manoirs, 3 859 usines etc.]. Cette base se consulte sur Internet albin@culture.fr, zveguinz@culture.fr (Thésaurus recommandé).

**3615 URBA** code ESPACES ou 3614 INFEQUIP code URBA puis ESPACES ; donne accès au recueil des protections : sites, Z.P.P.A.U.P., secteurs sauvegardés. 8 000 notices concernent 6 000 communes françaises comportant un espace protégé, un site ou un monument MH ou non protégé.

**3616 QUALIBAT ;** répertoire des entreprises qualifiées dans le patrimoine bâti.

**Internet** (adresse) ; http://www.patrimoine.net Plate-forme fédérative rassemblant tous les acteurs du patrimoine (pouvoirs publics, administrations, architectes, entreprises, laboratoires, associations, O.N.G., propriétaires privés ou institutionnel etc.).

**BATIBASE 1997** (accompagné d'un CD-ROM) ; Répertoire général du bâtiment comprenant 9 000 sociétés avec leurs coordonnées et précisions des principaux domaines d'activité de chaque fournisseur ; 3 500 familles de produits et de prestations de la construction accessibles à partir de 3 types de classements (dictionnaires des mots-clés ; nomenclature générale des familles de produits ; liste des familles classées en liste alphabétique) ; 20 000 marques de produits recensés renvoyant sur leur fabricant ou leur distributeur.

**OUI France** (sur compatible PC 386 DX et 4Mo de mémoire vive minimum, Windows 3.0, 3.1, 3.11 ou 95 - 5 disquettes 3" 1/2 de 1,4 Mo).Distribué par la Société d'Éditions du Bâtiment et des Travaux Public (S.E.B.T.P.) éditeur de la Revue Annales du Bâtiment et des Travaux Publics. Dispose d'une librairie exhaustive dans tous les domaines techniques et les disciplines du droit, de la réglementation professionnelle et de la gestion relatifs au B.T.P. Siège social : 6-14, rue La Pérouse, 75784 Paris cedex 16. Tél. : 01 40 69 53 16. fax : 01 47 23 54 16.

**Anabase** (bibliothèque de sous-détails d'ouvrages du bâtiment toutes disciplines. Méthode d'analyse des coûts. Base d'établissement des prix à l'usage des entreprises du bâtiment (4 tomes : gros œuvre, bois et métaux ; techniques et équipements ; finitions et décorations). Compatibles avec les logiciels de devis : Dynalog (Multidevis 3 et 4 MDWIN) ; Memsoft Bâtiment (en toutes versions) ; Sateli sybat (en toutes versions) ; Apibat api bâtiment.

**Vidéo-Normes et Vidéo-Réglementation ;** coédition de la SOCOGEST AUDIOVISUEL et la SEBTP. Le but est d'informer les professionnels, les personnels et les étudiants en vue de susciter l'envie d'approfondir l'étude de la norme et d'animer une démarche de qualité technique. Les thèmes portent essentiellement sur les normes référencées D.U.T. et les réglementations parasismiques, accoustiques en insistant sur les comparaisons entre les exigences nouvelles et anciennes.

**3617 Filex ;** Signalisation et références des publications au Journal officiel des communautés européennes (J.O.C.E.).
**08 36 29 00 01 Jurispro/Lex ;** Législation, réglementation et directives de l'Union européenn (textes).
**08 36 29 00 02 JORF ;** Recheche par mots du titre et du texte ou par références (numéros, dates).
**36 15 JOEL ;** Accès aux textes intégral des lois et décrets par thèmes, rubriques, ministères ou références au Journal officiel de la république française (J.O.).

# CHAPITRE QUATRIÈME

## LISTES DES INTERVENANTS, DÉCIDEURS ET OPÉRATEURS

*Répertoire par catégories professionnelles*
*Culture - Tourisme - Architecture*

**administrations et directions ministérielles**
**associations, fédérations, O.N.G.**
**chantiers bénévoles, enseignement**
**recherche, centres universitaires**
**presses, éditions, guides**
**assureurs, bureaux d'études, consultants**
**secteurs du bâtiment et de l'architecture**
**secteurs financier et commercial**
**entreprises et artisans qualifiés**
**dans la restauration et**
**la mise en valeur du patrimoine**

# COMITÉ D'ORGANISATION*

## Responsable du programme :

Association Française des Experts Scientifiques du Tourisme
(A.F.E.S.T.) loi du 1er juillet 1901
3, place Pablo Picasso - 94800 Villejuif
Président, Patrick Vicériat

## Directeur de projet :

Daniel Desurvire (juriste), 37, rue de la Fédération
93100 Montreuil-sous-bois
Tél./rép./fax : 01 48 59 43 81.
Minitel : 37 17 MDT, code 1 : "Points de repère"

## Coordinatrice :

Laurence Peney
Chef de département commercial
Tél. : 01 44 29 33 30. - Fax : 01 44 29 34 49.

# ASSOCIÉS D'HONNEUR

**Wilhelm J. FROON,** Managing Director d'*Interval International* (Bourse d'échanges internationale). Le Rond Point. 8, Mail Barthélémy Thimonnier - 77185 Lognes.

**Alain CHANDELIER et Pierre BASLÉ,** gérants associés de *Loisirs Direct* et *Image Business* (Éditeurs d'annonces et de publications commerciales, *Guide annuel* et *magazine des propriétaires*). 7, rue Michel Ange - 75016 Paris.

**Claudine CHASPOUL,** Directrice de rédaction aux Éditions Touristiques Européennes, Rédacteur en chef des publications de *la Revue technique du tourisme et des loisirs* (Espaces et Cahiers Espaces) ; 8, rue Cels - 75014 Paris.

**Serge BERNARD,** Directeur de Communication. Direction de *La Poste* Paris-Est. 21, rue Bréguet, B.P. 1000 - 75536 Paris cedex 11. Boite vocale : 01 43 14 14 83.

---

* La liste suivante des membres attachés à l'A.F.E.S.T., consultants et invités n'est pas exhaustive.

# INTERVENANTS POLITIQUES, ADMINISTRATIONS et O.N.G.

- **U.N.E.S.C.O. ;** 1, rue Miollis - 75732 Paris cedex 15. Division des manifestations culturelles et des relations publiques, tél. : 01 45 68 21 36), Centre de documentation, Tél. : 01 45 68 43 42. Siège international : 7, place de Fontenoy - 75352 Paris 07 S.P. 31. 31 rue François-Bonvin - 75732 Paris cedex 15. Tél. : 01 45 68 10 00. Fax : 01 45 67 16 90. ou Centre de documentation. Tél. : 01 45 68 43 42. Tourisme culturel : Tél. : 01 45 68 43 01 (ou 42 99).
- **Commissions nationales pour l'U.N.E.S.C.O.** La liste des 180 commissions (Présidents, secrétaires généraux, téléphones et adresses) est mise à jour par la Division des Commissions Nationales et Clubs Unesco (BRX/NAC). Tél. : (0033) 01 45 68 18 47. Fax : 01 45 68 55 40 (E-mail : d.grousset@unesco.org). Les quelques commissions citées ci-après sont issues des territoires européens et voisins. Pour les autres commissions, consulter le Directeur de projet.

**Commission de la République française pour l'éducation, la science et la culture (représentation à Unesco : Ministère des Affaires étrangères) ;** 36, rue La Pérouse. 75775 Paris cédex 16. Tél. : 01 43 17 66 20. Fax : 01 43 17 67 73. Telex : 645187 (Attention ComNat UNESCO).

## Représentations étrangères

**Commission nationale albanaise pour l'Unesco ;** Ministria E Puneve Te Jashtme. Service de l'Unesco (Zyra E Unesco) Tirana. Tél. : (355) 42 646 51. Fax : (355) 620 84 ou 85. Telex : 2164MPJ AB. Adresse télégraphique : MINJATM TIRANA.

**Austrian Commission for Unesco ;** Mentergass 11. 1070 Vienne. Tél. : (43-1) 523 64 21, 526 36 80. Fax : (43-1) 526 13 01 20. Cable address : UNESCOKOM WIEN.

**Armenian National Commission for Unesco ;** Ministry of Foreign Affairs. 10, Baghramian Avenue. 375019 Yerevan. Tél. : (3742) 52 68 02. Fax : (3742) 15 10 42. Telex : 243313 DIANA SU.

**Commission of the Republic Belarus for Unesco ;** 19, Lenin Street. 220030 Minsk. Tél. : (375-172) 27 34 02. Fax : (375-172) 27 45 21. Télex : 252285 MENA SU. Câbles : UNESCOCOM MINSK.

**Commission nationale belge pour l'Unesco ;** Ministère des Affaires étrangères, du Commerce Extérieur et de la Coopération au Développement. 2, rue des Quatre Bras. B-1000 Bruxelles. Tél. : (32-2) 516 84 58. Fax : (32-2) 513 91 48. Télex : 21376. Câbles : BELEXT BRUXELLES.

**National Commission of Bosnia and Herzegovina for Unesco ;** Ministry of Education, Science, Culture and Sports. Adm. for International Scientific, Technical, Cultural and Educational Cooperation. Omladinska 9. 71000 Sarajavo. Tél. : (387-71) 15 16 210 ; 658 664. SatFax : (387-71) 14 46 327.

**Commission nationale de la République de Bulgarie pour l'Unesco ;** Ministre des Affaires étrangères. Rue Alexander Jendov, 2. B.P. 386. 1113 Sofia. Tél. : (359-2) 73 26 91. Fax : (352-2) 73 62 89. Câbles : BULUNESCO SOFIA.

**Commission nationale croate pour l'Unesco ;** Ministre de la Culture et de l'Éducation. 18, Mislavova. 41000 Zagreb. Tél. : (385-1) 44 65 10. Fax : (385-1) 41 04 21.

**Czech Commission for Unesco ;** Rytirska, 31. 110 00 Prague 1. Tél. : (420-2) 21 61 02 36/38. Fax : (420-2) 21 61 02 49. Telex : 121866 (E-mail : unescocz@mbox.vol.cz).

**Danish National Commission for Unesco ;** Frederiksholms Kanal 25. Denmark - 1220 Copenhagen V. Tél. : (45) 33 92 52 15. Fax : (45) 33 92 54 92. Cable adress : DAUNESCO COPENHAGEN

**Comisión National Española de la Unesco ;** Escuela Diplomática. Peseo de Juan XXIII, 5. 28040 Madrid. Tél. : (34-1) 533 96 39. Fax : (34-1) 535 14 33. Telex : 49924.

**Estonian National Commission for Unesco ;** 23, Suur-Karja St. EE 0001 Tallinn. Tél. : (372-2) 441 431. Tél./Fax : (372-2) 313 757.

**Finnish National Commission for Unesco ;** Ministry of Education. Meritullinkatu 10. PL 293. 00170 Helsinki. Tél. :

(358-9) 134 171. Fax : (358-9) 134 16986. Telex : 122079 minied sf. Cable address : FINNUNESCO HELSINKI.

**Georgian National Commission for Unesco ;** Ministry of Foreign Affairs. 4, Chitadze Street. 380018 Tbilisi. Tél. : (995-32) 98 94 29. Fax : (995-32) 99 72 49. Telex : 212184 SLAVA SU ; 212906 INFO SU.

**German Commission for Unesco ;** 15, Colmantstrasse. D - 53115 Bonn. Tél. : (49 228) 60 49 70. Fax : (49 228) 63 49 730. Telex : 886326 duk d. Cables address : GERMUNESCO BONN (E-mail : dispatch@unesco.de).

**Greek National Commission for Unesco ;** 3, Acadimias. 10027 Athens. Tél. : (30-1) 36 10 581, ext. 505. Fax : (30-1) 36 30 603. Telex : 218213 - 216593 YPEX GR. Cable address : GRECUNESCO ATHENS.

**Commission nationale hongroise pour l'Unesco ;** Magyar Unesco Bizottság Titkársága. H - 1363 Budapest Pf. 34. Adresse postale : H - 1055 Budapest, Szalay u. 10 14. Tél. : (36-1) 269 17 23. Fax : (36-1) 331 35 26. Telex : 22.5935 (att. ComNat Unesco). Câbles : HUNGAROUNESCO BUDAPEST (E-Mail : mihaly.rozsa@mkmx400gw.itb.hu).

**Icelandic National Commission for Unesco ;** Ministry of Education and Culture. Menntamálaráduneytid. 150 Reykjavik. Tél. : (354) 560 95 77. Fax : (354) 562 30 68.

**Irish National Commission for Unesco ;** Department of Education. International Section. Appolo House, Tara Street. Dublin 2. Tél. : (353-1) 873 47 00. Fax : (353-1) 679 13 15. Telex : 31136 EDUC. Cable address : NEO DUBLIN.

**Commission nationale italienne pour l'Unesco ;** Piazza Firenze 27 (3ᵉ étage). 00186 Rome. Tél. : (39-6) 687 37 13. Fax : (39-6) 687 36 84. Telex : 626641 ITALUNI I. Câbles : ITALUNESCO ROMA.

**Commission nationale lituanienne pour l'Unesco ;** Sv. Jono str. 11. 2001 Vilnius. Tél. : (370-2) 22 32 92. Fax : (370-2) 22 05 20.

**Commission nationale luxembourgeoise pour la coopération avec l'Unesco ;** Ministère de l'éducation nationale. 29, rue Aldringen. L. 2926 Luxembourg. Tél. :

(352) 478 51 11. Fax : (352) 478 51 13. Telex : 3311. Câbles : COMMISSION UNESCO LEUXEMBOURG (E-mail : http://www.men.lu/UNESCO/Unesco).

**Commission nationale pour l'Unesco de l'Ex-République yougoslave de Macédoine ;** Ministère de la Culture. Ilindenska b.b. 91000 Skopje. Tél. : (389-91) 221 330, 220 823, 118 022. Fax : (389-91) 225 810, 228 446.

**Commission nationale monégasque pour l'Unesco ;** 8, rue Louis Notari. MC 98000 Monaco. Tél. : (377) 93 15 83 09. Fax : (377) 93 50 66 94. Telex : 469942. Câbles : VERNEMENT MONACO.

**Netherlands National Commission for Unesco ;** Kortenaerkade, 11. P.O. Box 29777. 2502 LT the Hague. Tél. : (31-70) 426 02 63/8. Fax : (31-70) 426 03 59. Telex : 33565 nufic nl (E-mail : DLAGEWEG@NUFFICCS.NL).

**Norwegian National Commission for Unesco ;** Postal adress : p.o. Box 1507, Vika, 0117 Oslo. Street address : Drammensveien 4 (4th floor). 0161 Oslo. Tél. : (47) 22 83 30 56. Fax : (47) 22 83 16 89. Telex : 71004. Cables address : NORUNESCO OSLO.

**Commission nationale polonaise pour l'Unesco ;** Palac Kultury i Nauki, 7 pietro. 00-901 Varsovie. Tél./Fax : (48-22) 620 33 55. Telex : 816025 PK PL. Câbles : POLUNESCO VARSOVIE.

**Commission nationale portugaise pour l'Unesco ;** Ministère des affaires étrangères. Avenida Infante Santo n° 42-5°. 1350 Lisbonne. Tél. : (351)1) 392 08 30, 392 08 34, 396 90 61. Fax : (351-1) 392 08 39. Telex : 66886 CNULIS-P.

**Commission nationale de la République de Moldova pour l'Unesco ;** c/o Ministère des Affaires étrangères, Département des mass média et de la Culture. 1, Plata Marii Adunári Nationale. Chisinau 277031. Tél. : (3732) 23 36 86, 23 36 86. Fax : (3732) 24 20 36, 23 36 09.

**Commission nationale de Roumanie pour l'Unesco ;** Ministère de l'Éducation. 8, Anton Cehov, Sect. 1. 71291 Bucarest 63. Tél. : (40-1) 222 3048. Fax : (40-1) 230 76 36. Telex : 11657 UNCNR. Câbles : ROMUNESCO.

**Commission of the Russian Federation for Unesco ;** Ministry of Foreign Affairs. 9, Vozdvijenka str. 121019 Moscow. Tél. : (7-095) 290 08 53, 202 81 88. Fax : (7-095) 202 10 83. Telex : 411587 MFAUG SU. Cable Adress : UNESCOCOM MOSCOW.

**Slovak Commission for Unesco ;** Ministry of Foregn affairs. Stromová 1. 83336 Bratislava. Tél. : (421-7) 80 24 31. Fax : (421-7) 80 25 26.

**Slovenian National Commission for Unesco ;** Ministry of Science and Technology. Slovenska 50. 61000 Ljubljana. Tél. : (386-61) 131 1107. Fax : (386-61) 302 951.

**Commission nationale suisse pour l'Unesco ;** Département fédéral des Affaires étrangères. Eigerplatz, 1 (2e étage). CH 3003 Berne. Tél. : (41-31) 324 10 67 (Sec.), 324 10 59 (Sec. gén.). Fax : (41-31) 324 10 70. Telex : 911440. Câbles : AFFETRA BERNE POUR COMMISSION UNESCO.

**Swedish National Commission for Unesco ;** Street address : Drottninggatan 16, Stockholm. Postal address : Ministry of Education and Science. S - 103 33 Stockholm. Tél. : (46-8405) 19 51 (S-G.), 1899 (Dep. S-G.). Fax : (46-8) 411 04 70. Telex : 13284 MINEDUCS. Cable address : UNESCO.

**Commission nationale turque pour l'Unesco ;** 7, Göreme Sokak. Kavaklidere. 06680 Ankara. Tél. : (90-312) 426 58 94, 427 19 48. Fax : (90-312) 427 20 64. Telex : 46585 UNES TR. Câbles : UNESCO ANKARA.

**Ukrainian National Commission for Unesco ;** Ministry of Foreign Affairs. 1, Mykhailivska Square. Kiev 252018. Tél. : (380-44) 212 81 95, 212 83 59. Fax : (380-44) 229 59 26, 226 31 69, 212 84 11. Telex : 131373 RUBIN SU (Att. ComNat). Cable address : UNESCOCOM KIEV.

**Yugoslav Commission for Unesco ;** Kneza Milosa 26. Belgrade. Tél. : (381-11) 683 585. Fax : (381-11) 684 848.

## Représentation française

- **Fondation du patrimoine ;** Tél. : 01 53 70 05 70. Fax : 01 53 70 69 79.

- **Musée des monuments français ;** (adresse commune) Palais de Chaillot Aile Paris : 1, rue du trocadéro - 75116 Paris. Tél. : 01 44 05 39 10. Fax : 01 47 55 40 13.

**Agence Française de l'Ingénierie Touristique** (A.F.I.T.) ; G.I.P. sous tutelle du Secrétaire d'État au Tourisme ; 2, rue Linois - 75740 Paris cedex 15. Tél. : 01 44 37 36 00. Fax : 01 44 37 38 39. Télex : C TOUR 270 974 F.

**Maison de la France** (M.D.F.) ; G.I.E. placé sous l'autorité du Secrétaire d'État au Tourisme, 8, avenue de l'Opéra - 75001 Paris. Tél. : 01 42 96 10 23. Fax : 01 42 86 08 94.

**Ministère de la Culture et de la Communication ;** (Administration, accueil) 3, rue Valois - 75042 Paris cedex 01. D.I.C. (Département Information Communication) ; D.A.I. (Département Affaires Internationales ; 12, rue Louvois - 75002 Paris) D.I.C. (Département Information et Communication) ; Tél. : 01 40 15 80 00. Télex : CULTCAB 215134 F. (V. infra, §. f - Direction de l'architecture ; §. h - Direction du patrimoine. Ces deux directions doivent bientôt fusionner sous tutelle du Ministère de la Culture).

- **Archives nationales** (Tél. : 01 40 27 60 00) ;
- **Centre d'accueil et de recherche des Archives nationales** (Tél : 01 40 27 64 19) ; adresse commune : 60, rue des Francs Bourgeois - 75003 Paris.

**Conseil des métiers d'art,** (organisme consultatif) 27, avenue de l'Opéra - 75001 Paris. Tél. : 01 40 15 74 10. Fax : 01 40 15 74 14.

**Sous-Direction des MH.** Département des Monuments et Jardins. Mission Technique et Économique ; 65, rue de Richelieu - 75002 Paris. Tél. : 01 40 15 87 61. Fax : 01 40 15 84 54.

**Direction Régionale des Affaires Culturelles** (D.R.A.C.) ; Grand Palais. Avenue Franklin Roosvelt, 75008 Paris. Tél. : 01 42 99 44 00.

**Ministère de l'aménagement du territoire et de l'environnement ;** 20, avenue de Ségur - 75032 Paris 07. Tél. : 01 42 19 20 21. Fax : 01 42 19 18 33.

**Mission des relations publiques et des affaires internationales ;** 65, rue de Richelieu - 75002 Paris. Tél./Fax : 01 40 15 87 44. 3, rue de Valois - 75001 Paris. Tél./Fax : 01 40 15 80 48.

**Ministère de l'Équipement, des transports et du logement ;** Grande Arche de la Défense - 92055 Paris-La Défense cedex. Tél. : 01 40 81 21 22. Fax : 01 40 81 31 60.

**Secrétariat d'État au Tourisme ;** 40, rue du Bac - 75007 Paris. Tél. : 01 40 81 37 23 ou 01 40 81 39 42. Ministère délégué, services administratifs ; 2, rue Linois - 75740 Paris cedex 15 ; Tél. : 44 37 36 00. Fax : 01 44 37 36 36. Presse, documentation (tél. : 01 44 37 37 31). Centre Inffo, Tour Europe cedex 07 - 92049 Paris - La Défense (Centre pour le développement de l'information permanente).

- **Conseil National du Tourisme** (C.N.T.), Tél. : 01 44 37 37 84. Fax : 01 44 37 38 41.
- **Observatoire National du Tourisme** (O.N.T.),
- **Commission des comptes régionaux du tourisme,**
- **Commission Européenne du Tourisme** (C.E.T.) ou **European Travel Commission** (E.T.C.) ; Tél. : 01 44 37 37 92. Fax : 01 44 37 38 29.
- **European Tourism Action group** (E.T.A.G.) ou Groupe d'action touristique européen (E.T.A.G. [c/o C.E.T.]). Tél. : 01 44 37 37 93. Fax : 01 44 37 38 29.
- **Fédération nationale des comités départementaux de tourisme** (F.N.C.D.T.) ; (Adresse commune) 2, rue Linois, 75740 Paris. Tél. : 01 44 37 36 00. Fax : 01 44 37 36 36).

- **Service de l'Inspection du patrimoine ;** 65, rue de Richelieu - 75002 Paris. Tél./Fax : 01 40 15 87 44.
- Inventaire, Archives du patrimoine (médiathèque) ; Hôtel de Vigny : 10/12, rue du Parc-Royal, 75003 Paris. Tél. : 01 40 15 75 51. Fax : 01 40 15 75 75 (ou 76 76).
- Centre National de Documentation du Patrimoine ; (même adresse) Minitel : 36 14 JOCONDE, service culture (MH).

- **Caisse Nationale des Monuments Historiques et des Sites** (C.N.M.H.S.) ; Tél. : 01 44 61 20 00. Fax : 01 44 61 21 81. Centre d'information, Tél. : 01 44 61 21 50.
- **Service des Villes et Pays d'Art et d'Histoire** rattaché à la C.N.M.H.S. ; (Adresse commune) Hôtel de Sully, 62, rue Saint-Antoine - 75186 Paris cedex 04.

**Conseil International des Monuments et des Sites** (I.C.O.M.O.S.) ; 49/51, rue de la Fédération - 75015 Paris. Tél. : 01 45 67 67 70. Fax : 01 45 66 06 22. ICOMOS International ; 75, rue du Temple (Hôtel Saint-Aignan, Tél. : 01 42 77 35 76) - 75003 Paris. ICOMOS section française ; 62, rue Saint-Antoine - 75004 Paris. Tél. : 01 42 78 56 42 (E-Mail : icomos@cicrp.jussieu.fr).

- **Fédération nationale des offices de tourisme et syndicats d'initiative ;** Tél. : 01 44 11 10 30 ou 01 40 59 43 83. Fax : 01 45 55 99 50.
- **Fédération nationale des comités départementaux de tourisme,** Tél. : 01 44 11 10 20. Fax : 01 45 55 96 66.
- **Fédération nationale des comités régionaux de tourisme ;** Tél. : 01 45 55 94 21. Fax : 01 45 51 20 42.
- **Délégation régionale au tourisme** (Région Paris et Île-de-France) ; Tél. : 01 44 11 10 41. Fax : 01 45 55 99 75. (Adresse commune) 280, boulevard Saint-Germain - 75007 Paris.

**Union européenne - Division tourisme - Direction générale** 23 ; rue d'Arlon, 80 - 1040 Bruxelles (Belgique). Tél : 322 295 25 17. Fax : 322 296 13 77.

**EUROSTAT** - Bureau d'information ; Bâtiment Jean Monet - L 2920 Luxembourg. Tél. : 352 4 301 3467.

**Bipe Conseil** (Études : Département Tourisme-Loisirs) ; Axe Seine 21. 12, rue Rouget de Lisle, 92442 Issy-les-Moulineaux cedex. Tél. : 01 46 62 33 00. Fax : 01 46 62 62 20. Télex : 631586F.

**Comité Européen de Coordination du Tourisme** (C.E.C.T.) ; 34, rue Pierret - 92200 Neuilly-sur-Seine.

**Organisation Mondiale du Tourisme** (O.M.T.) ; Captan Haya 42 - 28020 Madrid (Espagne). Tél. : 34 1 571 06 28 ou 34 1 571 37 33.

**Fondation Européenne pour les Métiers du Patrimoine** (F.E.M.P.) O.N.G. mise en place par le Conseil de l'Europe à des fins de renforcement de la coopération en Europe dans le domaine de la formation des professionnels du patrimoine. 67075 Strasbourg cedex. Tél. : 03 88 41 28 62. Fax : 03 88 41 27 55.

**Prospective et Patrimoine** (Agence de consultants pour la valorisation et le développement économique du patrimoine culturel) ; 15, rue Tiquetonne - 75002 Paris. Tél. : 01 42 36 23 04. Fax : 01 42 33 37 19.

**Agence pour l'Emploi Culturel Européen** (E.C.I.) Organisme chargé du soutien aux projets de création d'entreprises et d'emplois indépendants à l'étranger ; 77, rue de Charonne - 75011 Paris. Tél. : 01 40 24 20 03 ou 01 40 24 21 12 ou 01 43 48 60 06.

- **Délégation à l'Aménagement du Territoire et à l'Action Régionale** (D.A.T.A.R.) ; Documentation. Tél. : 01 40 65 11 23 ou 01 40 65 11 43 (Adresse commune) ;
- **Fonds National pour l'Aménagement et le Développement Du Territoire** (F.N.A.D.T.) ; Tél. : 01 40 65 12 34. Télex : 200970 F. 1, avenue Charles Floquet - 75007 Paris.

*Autres associations, syndicats, fédérations, organismes culturels et touristiques professionnels, établissements universitaires, bureaux d'étude, cabinets de consultants, entreprises ...*

## *a) Centres d'intérêt culturel, professions touristiques et actions publiques*

### *a[1] - Centre d'intérêt culturel*

**Société pour la protection des paysages et de l'esthétique de la France** (S.P.P.E.F. Ass. L. 01/07/1901. Reconnue d'utilité publique) ; 39, avenue de la Motte-Picquet - 75007 Paris. Tél. : 01 47 05 37 71. Fax : 01 45 50 31 61.

**Mission pour la réalisation des sites** (M.R.A.I.) ; 7, rue Saint Dominique. 75007 Paris. Tél. : 01 44 42 41 08. Fax : 01 44 42 39 99.

**Fédération française des amis des moulins** ; 5, rue Villiot - 75012 Paris. Tél. : 01 43 47 43 47. Fax : 01 43 47 41 24. Minitel : 3615 MOULINSINFO.

**Association des maisons régionales à Paris ;** Maison des Pyrénées, 15, rue Saint-Augustin - 75002 Paris. Tél. : 01 42 86 51 86. Fax : 01 42 86 51 65.

**Association "La demeure historique" ;** Hôtel de Nesmond, 57, quai de la Tournelle - 75005 Paris. Tél. : 01 43 29 02 86. Fax : 01 43 29 36 44.

**Association ouvrière des compagnons du devoir du Tour de France ;** 82, rue de l'Hôtel de Ville. 75180 Paris cedex 04. Tél. : 01 44 78 22 50. Fax : 01 42 71 10 19.

**Association Les Grands Ateliers de France ;** 8, place de la Madeleine - 75008 Paris. Tél. : 01 42 96 12 75. Fax : 01 40 15 98 32.

- **Groupement des Entreprises de Restauration des Monuments Historiques ;** Tél. : 01 40 69 51 59. Fax : 01 47 20 06 62.
- **Association européenne des entreprises de restauration du patrimoine architectural ;** Tél. : 01 40 69 51 38. Fax : 01 47 23 36 15. Adresse commune : 9, rue La Pérouse - 75784 Paris cedex 16.

**Fédération Nationale des Associations de Sauvegarde des Sites et Ensembles Monumentaux** (F.N.A.S.S.E.M.) ; 20, avenue Mac Mahon - 75017 Paris. Tél. : 01 42 67 52 00. Fax : 01 45 74 01 43

**Société d'encouragement aux métiers d'art** (La S.E.M.A., associée à l'Assemblée Permanente des Chambres de Métiers (A.P.C.M.) propose une aide à la découverte de l'artisanat du monde entier) ; 20, rue de la Boétie. 75008 Paris. Tél. : 01 53 43 81 81. Fax : 01 49 24 98 54.

**Association des vieilles maisons françaises ;** 93, rue de l'Université - 75343 Paris cedex 07. Tél. : 01 40 62 61 71. Fax : 01 45 51 12 26.

**Les plus beaux villages de France ;** Mairie - 19500 Collonges-la-Rouge. Tél. : 05 55 84 08 50. Fax : 05 55 84 09 42.

**Maisons paysannes de France ;** 32, rue Pierre Sémard - 75009 Paris. Tél. : 01 42 82 12 24. Fax : 01 40 23 95 18.

**Société française de campanologie ;** 41*bis*, avenue de Charlebourg - 92250 La Garenne-Colombes.

**Centre de la pierre ;** 17/19, quai de la Monnaie - 33800 Bordeaux. Tél. : 05 56 31 36 36.

**Club du vieux Manoir ;** 10, rue de la Cossonnerie - 75001 Paris. Tél. : 01 45 08 80 40.

**Pastorale des loisirs et du tourisme ;** 4, cité du Sacré Cœur - 75018 Paris. Tél. : 01 42 54 97 31.

**Europa-Nostra - Gallia Nostra ;** Lange Voorhout 35 ; 2514 EC La Haye (Pays-Bas), (31-70) 356 0333. Fax : (31-70) 361 7865. Antenne française d'Europa-Nostra ; Château de Busset à Busset - 03270 Saint-Yorre. Tél. : 04 70 59 22 19 ou 04 70 59 22 43. Ou, Demeure Historique : 57, quai de la Tournelle. 75005 Paris. Tél. : 01 43 29 02 86.

### *a² - professions touristiques*

**Fédération nationale des pays d'accueil touristiques ;** 38, boulevard du Montparnasse - 75015 Paris. Tél : 01 45 49 05 58 (ou 41). Fax : 01 45 48 62 30.

**Fédération nationale de l'habitat rural et de l'aménagement du territoire rural ;** 27, rue de la Rochefoucauld - 75009 Paris. Tél. : 01 45 26 69 66. Fax. : 01 40 82 90 77.

**Syndicat national des agences de voyage** (S.N.A.V.) ; 6, rue Villaret-de-Joyeuse - 75017 Paris. Tél. : 01 44 09 36 99. Fax : 01 44 09 36 90.

**Chambre syndicale des entreprises de remise et de tourisme** (C.S.E.R.T.) ; 48, rue de la Bienfaisance - 75008 Paris. Tél. : 01 45 62 06 66.

**Syndicat national des entreprises de tourisme** (S.N.E.T.) ; 6, rue Paul-Valéry - 75116 Paris. Tél. : 01 45 62 06 66. Fax : 01 43 80 08 29.

**Syndicat national des résidences de tourisme** (S.N.R.T.) ; 22, ave. de la Grande-Armée. 75017 Paris. Tél. : 01 43 80 08 29.

**Association internationale de l'hôtellerie ;** 80, rue de la Roquette - 75001 Paris ; (Confédération des associations nationales de l'hôtellerie et de la restauration dans la communauté européen, même adresse). Tél. : 01 47 00 84 57. Fax : 01 47 00 64 55.

**Confédération des associations nationales de l'hôtellerie et de la restauration de la Communauté européenne** (H.O.T.R.E.C.) ; 111, boulevard Anspach - B.P. 4, 1000 Bruxelles (Belgique). Tél. : 32 2 513 63 23. Fax : 32 2 502 41 73. Bureau en France (Association internationale de l'hôtellerie ; Tél. : 01 47 00 84 57. Fax : 01 47 00 64 55).

**Confédération nationale de l'hôtellerie saisonnière ;** 221, avenue de Lyon - B.P. 448 - 73004 Chambéry ; (Fédération autonome générale de l'industrie hôtelière touristique, même adresse). Tél. : 04 79 69 26 18. Fax : 04 79 62 68 33.

**-Fédération nationale de l'hôtellerie française ;**
**- Fédération nationale de l'industrie hôtelière ;**
**- Groupement national des chaînes hôtelières ;**
**- Fédération nationale de l'hôtellerie saisonnière ;**
**- Fédération nationale de l'industrie hôtelière ;**
**- Syndicat national des chaînes d'hôtels et de restaurants** (adresse commune) ; 22, rue d'Anjou - 75383 Paris cedex 08. Tél. : 01 44 94 19 94. Fax : 01 47 42 15 20 (E-mail :fnih@imaginet.fr).

**Syndicat national des résidences de tourisme et de l'hébergement saisonnier ;** 178, boulevard Haussman - 75008 Paris. Tél. : 05 53 75 12 75. Fax : 05 53 75 12 76.

**Commission tourisme des conseillers du commerce extérieur de la France ;** 22, avenue Franklin Roosvelt - 75008 Paris. Tél. : 01 43 59 66 24. Fax : 01 42 25 29 87.

**Syndicat national de l'ingénierie loisirs-culture** (G.É.F.I.L.) ; Secrétariat et correspondance : 23, rue Frédéric - 92140 Clamart. Siège social : 3, rue Le Goff - 75005 Paris (Syndicat professionnel éditeur de l'*Annuaire GÉFIL* reproupant les cabinets d'études et d'ingenierie, consultants et conseils spécialisés dans les domaines du tourisme et de la culture). Tél. : 01 46 42 68 00. Fax : 01 46 42 94 31 (liste disponible, V. Directeur de projet).

### *a³ - Action publique*

**La ligue urbaine et rurale ;** 8, rue Meissonnier - 75017 Paris. Tél. : 01 42 67 06 06.

- **Association nationale des maires des stations classées et des communes touristiques ;** (adresse commune) 41, Quai d'Orsay - 75007 Paris.
- **Association des Maires de France** (A.M.F.) ; Tél. : 01 45 51 49 36. Fax : 01 45 51 64 17.

**Information sur le développement, l'environnement et l'aménagement local** (I.D.E.A.L.) ; 108, avenue de Fontainebleau - 94276 Le Kremlin-Bicêtre. Tél. : 01 45 15 09 09. Fax : 01 45 15 09 00.

**Association pour la participation et l'action régionale** (A.P.A.R.E.) ; 41, cours Jean Jaurès - 84000 Avignon.

**Centre de Recherche pour l'Étude et l'Observation des Conditions de Vie** (C.R.É.D.O.C.) ; Publie le bulletin "Consommation et Modes de Vie". 142, rue du Chevaleret, 75013 Paris. Tél. : 01 40 77 85 01 ou 01 40 77 85 64.

***b) Recherche touristique et formation universitaire***

- **Association des anciens élèves de l'Institut de recherche et études supérieures du tourisme** (A.T.O.L.S., anciens élèves du CEST-IREST) ; (adresse commune) ;
- **Institut de recherche et études supérieures du tourisme** (I.R.E.S.T.) ; Université Paris I. 12, Place du Panthéon - 75231 Paris cedex 05. Tél. : 01 46 34 99 08. Fax : 01 46 34 99 83.

**Institut supérieur du tourisme et des loisirs** (I.S.E.A.-I.T.L.) ; 92, avenue Charles de Gaulle - 92200 Neuilly-sur-Seine. Tél. : 01 47 47 06 40. Fax : 01 46 40 76 46.

**Université européen du tourisme ;** 20, rue du Docteur Finlay - 75015 Paris. Tél. : 01 42 52 95 17. Fax : 01 42 52 90 96.

**Université Paris III** (FPC - Sorbonne nouvelle) ; 13, rue de Santeuil (Bureau 229B) - 75231 Paris cedex 05. Tél. : 01 45 87 40 87. Fax : 01 45 87 40 99.

**Centre des Hautes Études Touristiques** (Euroffice) ; B.P. 661 cedex 2, 38, avenue de l'Europe - 13090 Aix-en-Provence. Tél. : 04 42 20 09 73. Fax : 04 42 20 50 98.

**École supérieure du tourisme-hôtellerie, Université d'Angers** (E.S.T.H.U.A.), 41, place Louis Imbach - 49100 Angers. Tél. : 02 41 86 17 17. Fax : 02 41 86 05 36.

**Unité de formation Cannes Méditerranée** (U.F.C.M.), Association loi 1er juillet 1901 ; 23, avenue du Docteur-Picaud - 06400 Cannes. Tél. : 04 93 68 43 03. Fax : 04 92 98 69 72.

**Université Limoges ;** (Tourisme culturel) 13, rue de Genève - 87065 Limoges cedex. Tél. : 05 55 45 76 01. Fax : 05 55 45 76 34.

**Centre universitaire d'éducation permanente** (CUEP) ; Université Le Mans, Avenue Olivier-Messiaen, B.P. 535 - 72017 Le Mans cedex. Tél. : 02 43 83 30 70.

**Association européenne des Écoles d'hôtellerie et de tourisme ;** 75, route du Rhin B.P. 149 - 67400 Illkirch. Tél : 03 88 67 26 84. Fax : 03 88 67 44 39.

**Association internationale des experts scientifiques en tourisme** (A.I.E.S.T.) ; Vanbuelstrasse 19, CH 9000 St-Gall (Suisse). Tél. : 41 71 30 25 30. Fax : 41 71 30 25 36.

**Fédération Française des Techniciens et Scientifiques du Tourisme** (F.F.T.S.T.) ; 13, rue Clouet - 75015 Paris. Tél. : 01 43 06 13 75 ou 01 44 49 02 99.

**Centre régional et européen du tourisme ;** 36, rue de la République, B.P. 44 - 05105 Briançon cedex. Tél. : 01 92 21 27 33. Fax : 01 92 20 10 56.

### *c) Arts architecturaux, enseignement et associations de chantiers bénévoles*

**Institut d'Études Supérieures des Arts** (I.E.S.A.) ; 5, avenue de l'Opéra - 75001 Paris. Tél. : 01 42 86 57 01, Fax : 01 42 97 42 54 (E-mail : iesa@jca.fr-http://www.iesa.fr) 3615 IESA.

**Centre de recherche interdisciplinaire en droit de l'environnement, de l'aménagement et de l'urbanisme** (C.R.I.D.E.A.U.) ; Faculté de droit de sciences économiques de limoges - 143, rue François Perrin - 87100 Limoges. Tél. : 02 33 55 50 54 21. Fax : 02 33 55 50 57 83.

**Centre d'Études Supérieures d'Histoire et de Conservation des Monuments Anciens** (C.E.S.H.C.M.A.) ; "École de Chaillot". Palais de Chaillot Aile Paris. Place du Trocadéro - 75016 Paris. Tél. : 01 47 04 39 88. Fax : 01 47 04 80 21.

**Institut supérieur de management du patrimoine** (Emergence-ISMP) ; Rue Joachim-du-Bellay - 49418 Saumur cedex. Tél. : 02 41 51 36 36. Fax : 02 41 51 34 47.

**C.O.T.R.A.V.A.U.X.** Association de chantiers de bénévoles (n'organise pas de chantier mais coordonne les actions des membres des associations de sauvegarde du patrimoine) ; 11, rue de Clichy - 75009 Paris. Cette association regroupe :
- **"Union R.E.M.P.A.R.T."** 1, rue des Guillemites - 75004 Paris, Tél. : 01 42 71 96 55, Fax : 01 42 71 73 00 ;
- **"Concordia"** 27, rue du Pont Neuf - B.P. 236 - 75024 Paris, Tél. : 01 42 33 42 10 ;
- **"Solidarités jeunesses"** 38, rue du Faubourg Saint-Denis - 75010 Paris, Tél. : 01 48 00 09 05 ou 01 48 74 79 20.

**Jeunesse et patrimoine & Jeunesse et patrimoine international,** (même adresse) ; 9, avenue Franklin-Roosevelt - 75008 Paris. Tél. : 01 42 25 91 92.

**Jeunes en équipe de travail** (J.E.T.) ; 3, avenue Octave Gréard - 75007 Paris. Tél. : 01 42 73 23 71.

**Société des meilleurs ouvriers de France ;** 151, rue de Rome - 75017 Paris. Tél. : 01 46 22 10 98.

**Centre de formation à la réhabilitation du patrimoine architectural** (École d'Avignon) ; Hôtel du Roy René - 6, rue Grivolas - 84000 Avignon. Tél. : 04 90 85 59 82.

**Heliopolis** - Ingenierie - Conservation du Patrimoine (Tourisme et culture, Conservation du Patrimoine) ; (Association loi du 1er juillet 1901) Le presbytère - 31530 Levignac-sur-Save.

**Admitech** (Association pour le développement d'un mécénat d'innovation et de technologie) ; 16, villa Frédéric Mistral, 75015 Paris. Tél. : 01 45 57 08 00. Fax : 01 45 57 08 16.

**A.3P.A** (Conseil et assistance. Promotion du patrimoine. Animation du monde associatif) ; 52, cours d'Alsace et

Lorraine. 33000 Bordeaux. Tél. : 05 56 52 22 75. Fax : 05 56 79 74 33.

### *d) Presse, guides hôteliers, éditeurs*

**Association professionnelle des journalistes du tourisme ;** 25, rue Bleue - 75009 Paris. Tél. : 01 48 00 59 62. Fax : 01 48 00 59 62.

**Association française des journalistes et écrivains du tourisme ;** c/o Pierre Pons, 4, rue Jean Jaurès - 09300 Lavelanet. Tél. : 05 61 01 28 94. Fax : 05 61 01 40 25.

**Galivel & Associés** (Relations Presse/ Relations Publiques) ; 99, avenue Pasteur - 93260 Les Lilas. Tél. : 01 49 72 90 57. Fax : 01 43 62 55 32.

**Le Public Système** (Relations publiques et événements) ; 36, rue Pierret - 92200 Neuilly-sur-Seine. Tél. : 01 46 40 55 25 (et 55 55). Fax : 01 46 40 55 39 (E-Mail : vnugues@le-public-systeme.fr).

**European Federation of the Associations of Tourism Journalist** (E.F.A.T.J.) ; Rue de Savoie, 95 - 1060 Bruxelles (Belgique). Tél. : 32 2 537 01 74. Fax : 32 2 537 01 174.

**Édicom S.A.** (Investissement Conseils éditions) ; 21, rue Aristide-Briand - 94345 Joinville-le-Pont cedex. Tél. : 01 45 11 08 08. Fax : 01 48 86 06 51.

**Éditions Techniques Européennes** (E.T.E.) ; 8, rue Cels - 75014 Paris. Tél. : 01 43 27 55 90. Fax : 01 43 27 55 90.

**A.P.I. Publication** (La Lettre Touristique, les Dossiers de la Lettre, French Business & Travel Connection) ; 400, rue Saint-Honoré. 75001 Paris. Tél. : 01 42 97 46 60. Fax : 01 42 86 87 56.

**L'Actualité Juridique Propriété Immobilière** (A.J.P.I.) ; C.E.P. Communications - Publications du Moniteur. 17, rue d'Uzès - 75108 Paris cedex 02. Tél. : 01 40 13 50 55. Fax : 01 40 13 33 89.

**Propriétés de France** (Éd. Le Figaro - Propriétés de caractère à vendre) ; 43, boulevard Barbès, 75880 Paris cedex 18. Tél. : 01 49 25 26 27. Fax : 01 49 25 26 00. Rédaction :

Gallier & Associés, Tél. : 01 44 92 37 00. (E-Mail : pdf@proprietesdefrance.com). Fax : 01 44 92 37 01.

**Demeures et châteaux** (Édition) ; 16, rue Banque. 75002 Paris. Tél. : 01 42 60 23 65. Fax : 01 42 60 44 73.

**Relais & Châteaux** (guide) ; 15, rue Galvani. 75017 Paris. Tél. : 01 45 72 90 00. Fax : 01 45 72 90 30. Sur Internet : http://www.integra.fr./relaischateaux/ (Courrier électronique E-mail : resarc@relaischateaux.fr).

**Relais du silence** (guide) ; 2, passage du Guesclin. 75015 Paris. Tél. : 01 44 49 79 00. Fax : 01 44 49 79 01. Bureau international : Tél. : 01 40 61 07 25. Fax : 01 44 49 03 77. Centrale de réservation : Tél. : 01 44 49 90 00.

**Châteaux et Hôtels Indépendants** (guide) ; 12, rue Auber. 75009 Paris. Tél : 01 40 07 00 20. Fax : 01 40 07 00 30.

**Château accueil** (guide) ; COFRATOUR - 14, rue Chartraine. 27000 Évreux. Tél. : 02 32 39 30 42. (Adresse électronique E-Mail : cofratour@acs.fr).

**Maison des Gîtes de France** (guide) ; 59, rue Saint-Lazare. 75439 Paris cedex 09. Tél. : 01 49 70 75 75. Fax : 01 42 81 28 53.

**Les Grandes Étapes Françaises** (guide) ; 140, rue de Belleville. 75019 Paris. Tél. : 01 43 66 06 40. Fax : 01 43 66 43 33.

**The Leading Hotels of the Worl** (guide) ; Corporate headquaters : 747 Third Avenue, New York, NY 10017-2803 U.S.A. Tél. : (1-212)838-7874. Telex : 420444. Fax : (1-212) 758-7367 (E-mail : hrihotel@haven.ios.com) (Internet : http://www.inreractive.line.com/lead).

### *e) Assureurs ; bureaux d'études, consultants ; entreprises regroupées (FIT)* avec le concours de l'AFIT ; membres GÉFIL***

**Service assurance de l'industrie hôtelière ;** 56, boulevard Pereire - 75017 Paris. Tél. : 01 42 67 33 00. Fax : 01 47 17 47 00.

**Cornhill France ;** 36, rue Lafitte - 75442 Paris cedex 9. Tél. : 01 44 79 00 14. 52, allée des Dauphins, B.P. 36 - 38330 Saint-Ismier. Tél. : 04 76 52 60 00.

**Luxior assurances ;** 110, boulevard Malsherbes, 75017 Paris. Tél. : 01 42 27 17 34.

**S.A.A. ;** 26, avenue de Suffren, 75015 Paris. Tél. : 01 44 49 19 97.

**Compagnie Française d'Assurance pour le Commerce extérieur** (C.O.F.A.C.E.) ; Siège social : 12, Cours Michelet - 92065 Paris La Défense. Tél. : 01 47 64 61 61 (Direction régionale Ile-de-France).

**Société Mutuelle d'Assurance du Bâtiment et des Travaux Publics** (S.M.A.B.T.P.) ; 114, avenue Émile Zola - 75015 Paris. Tél. : 01 40 59 70 00.

**Société Coopérative de Caution Mutuelle** (S.O.C.AM.U.G.) ; 44, rue Saint-Anne - 75002 Paris. Tél. : 01 42 97 45 46.

**Bossard consultants** (Conseil en stratégie - organisation - gestion management - études services - conseil - informatique) ; 14, rue Rouget de Lisle - 92441 Issy-les-Moulineaux cedex. Tél. : 01 41 08 40 00 ou 01 41 08 47 29. Fax : 01 41 08 47 96.

**Association de conseils pour la transmission des entreprises hôtelières ;** 100, rue de Richelieu - 75002 Paris. Tél. : 01 42 98 80 66. Fax : 01 42 98 86 94.

**Cabinet Jacques Bontemps ;** La Naï - Route de la Brillanne. B.P. 63. 04301 Forcalquier. Tél. : 04 92 75 18 44.

**Conseil et Transaction de France ;** 20, rue Nélaton. 75015 Paris. Tél. : 01 45 23 21 24.

**Etracom ;** 10, rue du Docteur Herpin. B.P. 2513. 37025 Tours cedex 1. Tél. : 02 47 47 08 57.

**Viou & Gouron ;** 20, rue du Pont Neuf - 75001 Paris. 75001 Paris. Tél. : 01 45 08 53 84.

**Chambre des Notaires de Paris ;** Place du Châtelet - 75001 Paris. Tél. : 01 44 82 24 32.

**Arthur Andersen & Co,** SC (Étude reproupant plusieurs professions libérales) ; Tour Gan - 92082 Paris La Défense 2. cedex 13. Tél. : 01 42 91 06 06. Fax : 01 42 91 09 90.

**Cabinet Fidal** SC (Étude reproupant plusieurs professions libérales) ; 27 boulevard Courcelles - 75008 Paris. Tél. : 01 45 63 44 45 ou 01 45 61 48 28. Fax : 01 45 63 89 45.

**Michel Lechau** (Cabinet juridique, études, montages, conseil) ; 33, avenue Pierre Ier de Serbie - 75116 Paris. Tél. : 01 47 23 86 00. Fax : 01 47 23 87 00.

**Développement et innovation** (Gestion du patrimoine) ; 27, avenue Pierre 1er de Serbie - 75116 Paris. Tél. : 01 47 23 77 62. Fax : 01 47 23 77 61.

**Culture Espaces ;** (Gestion des monuments. Les établissements gérés par Culture Espaces sont regroupés sous le label *Monuments d'Exception).* 153, boulevard Haussmann, 75008 Paris. Tél. : 01 53 77 66 00. Fax : 01 42 56 04 09.

**Multigestion** S.A. (Gestion du patrimoine) ; 25, rue Garnier, 92200 Neuilly-sur-Seine. Exploitation mer/montagne Tél. : 01 46 43 17 17 (16). Location, échange Tél. : 01 46 43 17 18 (19). Fax : 01 46 40 73 27.

**Marina service** (gestion du patrimoine) ; B.P. 49. 06271 Villeneuve Loubet cédex. Tél. : 04 93 22 10 10. Fax : 04 93 22 11 01.

**Agence Eurologiques ;** 8, rue Mayran - 75009 Paris. Tél. : 01 44 53 05 05. Fax : 01 44 53 03 08.

**A.C.C.I.S.T.** (bureau d'études) ; 104, rue de Normandie - 94700 Maisons-Alfort. Tél. : 01 43 76 10 00. Fax : 01 43 76 10 82.

**Herblin Conseil ;** B.P. 75, 11, place Île de Beauté - 06302 Nice cedex 4. Tél. : 04 93 89 66 94 ou 04 93 26 19 28. Fax : 04 93 26 22 41.

**L & R. France ;** 48, rue des Tournelles - 75003 Paris. Tél. : 01 42 78 88 75 ou 01 42 78 88 60.

**Horwath Axe** (Consultants) ; 12, rue de Madrid - 75008 Paris. Tél. : 01 53 42 41 00. Fax : 01 45 22 78 87.

***Pb* Consultants** (Conseil en gestion de sites et politiques touristiques) ; 105, Impasse des Millerettes - 38140 Beaucroissant. Tél./Fax Paris : 01 45 20 64 41. Tél./Fax Province : 04 76 91 01 81.

**Cabinet Patrick Groussard** ; 1, avenue Marengo, 78600 Maisons Lafitte. Tél. : 01 34 93 01 09.

**Grahal ;** 25, rue des Mathurins - 75008 Paris. Tél. : 01 49 24 09 57. Fax : 01 49 24 09 59.

**Carbiener** (Géomètre-expert) ; 32, route des Romains - 67200 Strasbourg. Tél. : 03 88 28 00 55 / 03 88 30 44 87.

**Fédération régionale des géomètres-experts de Paris Île-de-France ;** 103, rue Jouffroy d'Abbans, 75017 Paris. Tél. : 01 42 67 09 09.

### * *"France Ingénierie Touristique"*

**ABCD ;** 6, rue de Braque - 75003 Paris. Tél. : 01 44 54 52 80. Fax : 01 44 54 52 81.

**B.I.C.** (Bureau d'Ingenierie Culturel) ; 8, rue Cels - 75014 Paris. Tél. : 01 43 27 16 97. Fax : 01 43 22 92 60.

**CODRA ;** 157, rue des Blains - 92220 Bagneux. Tél. : 01 46 64 15 00. Fax : 01 46 64 26 09.

**Ampersand Conjonction ;** 4*bis*, rue Anne Jacquin - 92100 Boulogne. Tél. : 01 46 05 75 39.

**CLE ;** 23, rue Frédéric Mistral - 92140 Clamart. Tél. : 01 46 42 68 00.

**H.T.L. Conseil ;** 113, rue de l'Université - 75007 Paris. Tél. : 03 44 18 98 65. Fax : 03 44 18 98 67.

**I.R.A.P. ;** B.P. 413 - 74013 Annecy cedex. : Tél. : 04 50 22 38 44. Fax : 04 50 22 74 52.

**M.D.T. ;** 26, cours du Chapeau Rouge - 33000 Bordeaux. Tél. : 05 56 81 52 77. Fax : 05 56 48 00 78.

**Promotour ;** 27/31, avenue du Général Leclerc - 94170 Maison-Alfort. Tél. : 01 41 79 80 46. Fax : 01 41 79 86 94.

**Score Tourisme ;** 8, rue Vernier - 75017 Paris. Tél. : 01 45 74 92 05. Fax : 01 45 74 08 71.

**SETEL France ;** 11, rue Bailly - 75003 Paris. Tél. : 01 44 51 64 54. Fax : 01 44 51 64 59.

**Thed International ;** 70, avenue Kléber - 75016 Paris. Tél. : 01 47 55 02 02. Fax : 01 44 05 90 62.

## ** *"GÉFIL"*

**A.B.C. Consultants** (principe d'une connaissance, d'un métier, d'un art) ; 41, rue Petit - 75019 Paris. Tél. : 01 40 40 90 97. Fax : 01 10 40 95 84.

**Act-Ouest ;** 30, rue des bas Sablons - 35400 Saint-Malo. Tél. : 02 99 82 49 34. Fax : 02 99 82 03 41.

**A.D.O.C.** (Assistance, développement, organisation, conseils) ; 11, chemin de Bordeneuve - 31170 Tournefeuille. Tél. : 05 61 49 57 88. Fax : 05 61 49 89 61.

**A.G.C.** Consultants ; 26, rue du Colonel Dumont - 38000 Grenoble. Tél. : 04 76 47 76 19. Fax : 04 76 87 70 54.

**Ampersand Conjonction ;** 4 bis, rue Anne Jacquin - 92100 Boulogne. (op. cit.) Tél. : 01 46 05 75 39.

**A.S.C.O.T.** (Agence en stratégie, concept et organisation touristique) ; 124*bis*, avenue de Villiers - 75017 Paris. Tél. : 01 39 79 41 83. Fax : 01 39 79 42 52.

**ASSAÏ ;** 198, rue de la Convention - 75015 Paris. Tél. : 01 45 32 64 64. Fax : 01 45 32 83 38.

**ATHOL ;** 58 A, rue du Dessous des Berges - 75013 Paris. Tél. : 01 53 61 15 05. Fax : 01 53 61 15 10.

**B.I.C.** (Bureau d'Ingénierie Culturelle) ; 8, rue Cels - 75014 Paris (op. cit.). Tél. : 01 43 27 16 97. Fax : 01 43 22 92 60.

**B. Kieffer CLTS ;** 5, rue des Artisans - 67550 Vendenheim. Tél. : 03 88 33 93 33. Fax : 03 88 33 93 51.

**CODRA** (Conseil à la Décision et à la Réalisation en Aménagement) ; 157, rue des Blains - 92220 Bagneux (op. cit.). Tél. : 01 46 64 15 00. Fax : 01 46 64 26 09.

**COGEM ;** Centre Jande/31, rue Gonod - 63000 Clermont-Ferrand. Tél. : 04 73 35 29 85. Fax : 04 73 93 47 98.

**Conseils Loisirs Europe ;** 23, rue Frédéric Mistral - 92140 Clamart. Tél. : 01 46 42 68 00. Fax : 01 46 42 94 31.

**Détente** (Consultants en Loisirs & Tourisme) ; 20, rue du 4 septembre - 75002 Paris. Tél. : 01 47 42 52 25. Fax : 01 47 42 74 83.

**Hélios Consultants ;** 12, boulevard Albert 1er - 20000 Accaccio. Tél. : 04 95 51 23 75. Fax : 04 95 21 37 16.

**Hermès Consultants ;** 73, rue du Général de Castelnau - 85009 La Roche-sur-Yon. Tél. : 02 51 34 30. Fax : 02 51 46 07 74.

**I.R.A.P. ;** B.P. 413 - 74013 Annecy cedex (op. cit.) : Tél. : 04 50 22 38 44. Fax : 04 50 22 74 52.

**Europrospectives SA ;** Le Boudil-haut - 24100 Bergerac. Tél. : 05 53 22 81 98. Fax : 05 53 22 81 99.

**Jacques Fournier** Consultant en Tourisme et Loisirs (J.F.T.L.) ; Village Ambax - 31230 Ambax. Tél. : 05 61 94 11 40. Fax : 05 61 94 08 07.

**M.D.T. ;** 26, cours du Chapeau Rouge - 33000 Bordeaux (op. cit.). Tél. : 05 56 81 52 77. Fax : 05 56 48 00 78.

**Objectif Patrimoine ;** 34, place du 14 juillet - 24110 Saint Astier. Tél. : 05 53 90 67 02. Fax : 05 53 90 38 00 ou 05 53 53 90 59. Autre implantation : 198, rue de la Convention - 75015 Paris. Tél. : 01 45 31 78 47. Fax : 01 45 32 83 38.

**Option Culture ;** 1, rue Waldeck-Rousseau - 94600 Choisy-le-Roy. Tél. : 01 48 52 64 47. Fax : 01 48 84 75 29.

**Promotour ;** 27/31, avenue du Général Leclerc - 94170 Maison-Alfort (op. cit.). Tél. : 01 41 79 80 46. Fax : 01 41 79 86 94.

**Protourisme ;** 60, rue Carnot - 86000 Poitiers. Tél. : 05 49 01 23 70. Fax : 05 49 88 08 45. Autre implantation : 113, Chaussée Jules César - 95600 Eaubonne. Tél. : 01 34 16 22 58. Fax : 01 34 16 21 61.

**Public et Communication ;** 3, rue Le Goff - 75005 Paris. Tél. : 01 43 26 07 37. Fax : 01 43 26 99 03.

**S.A.D.L. ;** La Côte - 24330 Saint-Geyrac. Tél. : 05 53 06 71 78. Fax : 05 53 06 74 65.

**Score Tourisme ;** 8, rue Vernier - 75017 Paris (op. cit.). Tél. : 01 45 74 92 05. Fax : 01 45 74 08 71.

**SETEL France ;** 11, rue Bailly - 75003 Paris (op. cit.). Tél. : 01 44 51 64 54. Fax : 01 44 51 64 59.

**Varenne** (Consultants Tourisme) ; 2, avenue Pasteur - 63400 Chamalières. Tél. : 04 73 36 10 66. Fax : 04 73 31 20 79.

### *f) Secteurs du bâtiment et de l'architecture d'art*

- **Direction de l'Architecture ;**
- **Comité consultatif de la recherche architecturale ;** adesse commune : 8, rue Vivienne - 75002 Paris. Tél./Fax : 01 40 15 33 33 ou 01 40 15 32 40. Mission de la Communication et des relations Extérieures ; Fax : 01 40 15 32 53. Bureaux de la promotion de l'architecture, bureau des affaires économiques et internationales, des relations avec les professions et de la commande publique ; Fax : 01 40 15 32 94 *. Bureau de l'Architecture, Tél. : 01 40 15 32 07. Bureau de la recherche, Tél. : 01 40 15 32 74.

---

* La Direction de l'architecture publie une nomenclature des qualifications des entreprises du bâtiment intéressant la conservation du patrimoine bâti. Dans les pages de cette nomenclature (QUALIBAT), on y trouve des organigrammes professionnels et les adresses utiles des corporations artisanales spécialisées. Parmi les métiers relevant du bâtiment d'intérêt historique et artistique, outre la maçonnerie et le ravalement, on y trouve également des entreprises spécialisées dans la restauration de la pierre de taille du patrimoine ancien, le pavage, la restauration de charpente ou de couvertures (tuiles canales ou tuiles plates, ardoises de schiste, plomb et matériau régional), la plâtrerie, la menuiserie, le parquetage, la marqueterie, les revêtements coulés, la ferronnerie et la métallerie, la vitrerie (conservation et restauration de vitraux à caractère patrimonial), le filage, la dorure, la mosaïque, les travaux de staff ou de stuc, la

**Conseil d'Architecture d'Europe** (C.A.E.) ; 207/10 avenue Louise, 1050 Bruxelles. Tél. : 00 32 26 45 09 05.

**Fédération Française des C.A.U.E.** (Conseil d'Architecture, d'Urbanisme et de l'Environnement) ; 20, rue du Commandant-Mouchotte - 75014 Paris. Tél. : 01 43 22 07 82. Fax : 01 43 21 42 89.

**Cercle d'Études Architecturales** (C.E.A.) ; 16, rue Villars - 75007 Paris. Tél. : 04 43 06 41 51.

**Fédération Nationale du Bâtiment** (F.N.B.) ; 33, avenue Kléber - 75116 Paris ou 9, rue La Pérouse - 75016 Paris. Tél. : 01 40 69 51 00.

**Institut Français d'Architecture** (I.F.A.) ; 6, rue de Tournon - 75006 Paris. Tél. : 01 46 33 90 36.

**Syntec-Ingenierie** (Chambre Syndicale des Sociétés d'Étude et de Conseil) ; 3, rue Léon Bonnat - 75016 Paris. Tél. : 01 44 30 49 60.

**Union Internationale des Architectes** (U.I.A.) ; 51, rue Raynouard - 75016 Paris. Tél. : 01 45 24 36 88.

**Union Nationale des Syndicats Français d'Architectes** (U.N.S.F.A.) ; 26, boulevard raspail - 75007 Paris. Tél. : 01 45 44 58 45.

- **Collège National des Experts Architectes Français** (C.N.E.A.F.) ;
- **Conseil national de l'Ordre des Architectes** (C.N.O.A.) ;
- **Section Française d'Union Internationale des Architectes ;** (adresse commune) 25, rue du Petit Musc - 75004 Paris. Tél. : 01 53 01 95 55.

**Centre Français du Commerce Extérieur** (C.F.C.E.) ; 10, avenue d'Iéna - 75016 Paris. Tél. : 01 40 73 30 00.

**Centre Scientifique et Technique du Bâtiment** (C.S.T.B.) ; 4, ave. du Recteur Poincaré. 75016 Paris. Tél. : 01 40 50 28 28.

**Organisme professionnel de Prévention du BTP ;** Tour Ambroise, 204, rond-point du Pont-de-Sèvre, 92516

---

dorure, la mosaïque, les travaux de staff ou de stuc, la sculpture d'attributs et restaurations sur plâtres et chaux.

Boulogne-Billancourt cedex. Tél. : 01 46 09 20 00. Fax : 01 46 09 27 40.

- **Centre expérimental de recherche et d'études du B.T.P.** (C.E.G.T.P.) ; ou (laboratoire et bureau d'études) ;
- **Centre d'Assistance Technique et de Documentation** (C.A.T.E.D.) ; Domaine de Saint-Paul. B.P. 37 - 78470 Saint-Rémy-lès-Chevreuses. Tél. : 01 30 85 23 61. Fax : 01 30 85 23 08.

**Organisme professionnel de qualification des ingénieurs-conseils et bureaux d'études techniques du Bâtiment des infrastructures ;** Maison de l'Ingénierie - 75016 Paris. Tél. : 01 45 24 43 53.

**Association des Architectes du Patrimoine** (A.A.P.) ; 23, rue du Cherche-Midi - 75006 Paris. Tél. : 01 45 23 38 75. Fax : 01 45 23 35 11.

**Direction des Affaires et des Relations Internationales** (D.A.E.I.) ; Ministère de l'Équipement - Arche de La Défense Paroi Sud - 92055 Paris La Défense cedex 04. Tél. : 01 40 81 21 22.

**Établissement des Sciences et des techniques du Bâtiments** (E.S.T.B.) ; 55, rue du Cherche-Midi - 75006 Paris. Tél. : 01 42 22 80 33.

**Société Française d'Urbanisme** (S.F.U.) ; 39, rue Pernety - 75014 Paris. Tél. : 01 45 39 89 53.

**Syndicat National Architectes Agréés Maîtres d'Œuvre de Bâtiment** (S.Y.N.A.A.M.O.B.) ; 63*bis*, rue Bourseault - 75017 Paris. Tél. : 01 42 26 71 56.

**Office Général du Bâtiment et des Travaux publics** (O.G.B.T.P.) ; 65, avenue Kléber - 75016 Paris. Tél. : 01 45 53 61 36.

**Office Professionnel de Qualification et de Classement du Bâtiment** (O.P.Q.C.B.) ; 55, avenue Kléber - 75016 Paris. Tél. : 01 47 04 26 01.

**Organisme Professionnel de Qualification Technique Economiste Coordinateurs Construction** (O.P.Q.T.E.C.C.) ; 41*bis*, boulevard Latour Maubourg - 75007 Paris. Tél. : 01 45 56 92 67.

**Observatoire européen des politiques culturelles territoriales** (identification et centralisation de l'information sur les réseaux culturels en Europe, l'Observatoire est chargé d'émettre un avis sur chaque projet au service de la recherche [urbanisme, sauvegarde...] et de la politique culturelle) ; Ronda Universitat, 17 pral. 4a, E-08037 Barcelone, Espagne. Tél. : 00 34 33 18 49 25.

**Rencontres de Luxembourg** (villes d'Europe mises en réseau aux fins de mettre en commun leur expériences et réflexions culturelles) ; 7, place Jules-Ferry, 42100 Saint-Etienne. Tél. : 04 77 41 78 71. Fax : 04 77 38 20 48.

**Ruralité, Environnement, Développement** (Réseau européen initié par le Conseil de l'Europe. Cette mise en réseau des collectivités vise à mettre en lumière les réalités de l'urbanisme et les animations culturelles et autres qui s'y développent) ; R.E.D., 2, rue des Poitiers. B-6717 Attert. Belgique. Tél. : 00 32 63 22 37 02. Fax : 00 32 63 21 98 70.

**Commission centrale des Marchés** (organe public) ; Bureau de la réglementation des marchés, Tour Lyon. 185, rue de Bercy, 75572 Paris cedex 12. Tél. : 01 44 87 17 17. Fax : 01 53 17 86 69.

**SOCOTREC** (Bureau de contrôle) ; Les Quadrants, 3, avenue du Centre - 78182 Saint-Quentin-en-Yveline. Tél. : 01 30 12 80 00. Fax : 01 30 12 82 61.

**VERITAS** (Bureau de contrôle) : Tour Aurore, 18, place des reflets - La défense II - 92400 Courbevois. Tél. : 01 47 78 65 10. Fax : 01 47 78 55 02.

### *g) Secteurs financier et commercial*

*Les bureaux, agences et entreprises figurant dans cette rubrique (§ g) sont cités à titre indicatif. La liste suivante n'exclut nullement la participation des sociétés et professionnels qui souhaiteraient y figurer ; auquel cas, sous réserve de vérifications, ces derniers pourront obtenir leur inscription auprès du Directeur de projet.*

**Fédération du Crédit Mutuel Méditerranéen** (Secteur bancaire) ; Service scoring. 494, avenue du Prado. 13267 Marseille. Tél. : 04 16 27 87. Fax : 04 16 27 72.

**Comptoir des entrepreneurs** (Secteur bancaire) ; 33/37, boulevard Vauban - Guyancourt. 78066 Saint-Quentin-en-Yveline cedex. Tél. : 01 39 41 10 10.

**Union de crédit pour le bâtiment** (Secteur bancaire) ; 4, rue Auguste Perret. 92841 Rueil-Malmaison cedex. Tél. : 01 41 42 46 23.

**Banque hypothécaire européenne** (Secteur bancaire) ; 62, rue du Louvre. 75068 Paris cedex 02. Tél. : 01 44 88 30 00 (Directeur de marketing).

**Crédit Municipal** (Secteur bancaire) ; 55, rue des Francs Bourgeois, 75004 Paris. Tél. : 01 44 61 64 00.

- **Fédération Nationale des Agents Immobiliers** (F.N.A.I.M., 6 700 professionnels de l'immobilier) ; 129, rue du Faubourg Saint-Honoré - 75008 Paris. Tél. : 01 44 20 77 00. Fax : 01 42 25 80 84. 27*bis,* avenue Villiers, 75017 Paris. Tél. : 01 47 63 72 91. Fax : 01 43 80 22 88.
- **F.N.A.I.M. Développement ;** Tél. : 01 44 95 02 95. Fax. : 01 42 56 91 11 ou 01 53 75 29 41 ou 01 45 61 08 93.
- **Chambre F.N.A.I.M. des Conseils en Transactions Commerciales, Industrielles et Immobilières** (C.O.T.R.A.C.) ; 129, rue du Faubourg Saint-Honoré - 75008 Paris. Tél. : 01 40 74 01 34. Fax : 01 42 56 28 28 (Liste complète disponible, V. Directeur de projet).

**Century 21 France** S.A. (Franchiseur d'agences immobilières) ; 3, rue des Cevennes - Petite Montagne Sud, 91017 Évry cédex Cisser. Tél. : 01 69 11 12 21 ou 01 60 86 36 00. Fax : 01 60 86 90 07.

**Agence immobilière de caractère** (agence) ; 50, rue de Turennes - 75003 Paris. Tél. : 01 44 61 05 00. Fax : 01 44 61 08 66.

**Les belles demeures de France** (agence) ; 132, boulevard Haussmann - 75008 Paris. Tél. : 01 40 08 11 37 ou 01 40 08 11 18. Fax : 01 40 08 10 89.

**Augusta - Immobilier de prestige** (agence) ; 16, rue Christophe-Colomb - 75008 Paris. Tél. : 01 46 09 93 53. Fax : 01 47 61 92 13.

**Serge Bonamy - Appartements & demeures de charme** (agence) ; 19, rue Bois-le-Vent - 75016 Paris. Tél. : 01 42 88 90 00. Fax : 01 40 50 12 12.

**France Châteaux - Les agents immobiliers spécialistes de la belle demeure** (agence) ; Tél. : 02 97 85 04 44. Fax : 02 97 36 39 25.

**Châteaux & Patrimoine de Loire & Bretagne** (agence) ; 1, rue Tournefort (cours Saint-André) - 44000 Nantes. Tél. : 02 40 47 68 68. Fax : 02 40 47 68 79.

**Art Immobilier** (agence) ; 125, avenue Jean-Jaurès - 93120 La Courneuve. Tél. : 01 48 35 12 82. Fax : 01 48 35 40 06.

**Ouatoune - L'immobilier de prestige** (agence) 19, avenue de l'Impératrice - 64200 Biarritz. Tél. : 05 59 01 00 60. Fax : 05 59 01 00 61.

**Vignobles et Châteaux Transaction** (agence proposant des propriétés viticoles, d'agrément, des demeures de caractère et châteaux) ; Château Jonqueyres - 33750 Saint-Germain-du-Puch. Tél. : 05 56 30 15 59. Fax : 05 56 30 18 42 (E. Mail : vcf@wineplanet.com).

**Demeures & châteaux du soleil** (agence) ; Immeuble Carré Bleu. 163, route de Marseille - 26200 Montélimar. Tél. : 04 75 01 66 33. Fax : 04 75 53 05 90.

**M.T.C. - Domaines, vignobles, châteaux du Grand Sud** (agence) ; 57, boulevard Jean-Jaurès. B.P. 7133 - 30913 Nîmes cedex. Tél. : 04 66 04 04 10. Fax : 04 66 29 63 24.

**Mas & Bastides en Lubéron** (agence) ; Parc naturel du Lubéron - 84660 Maubec. Tél. : 04 90 76 61 68. Fax : 04 90 76 50 56.

**Cités et demeures du Sud** (agence) ; 14, place Dampmartin - 30700 Uzès. Tél. : 04 66 22 08 63. Fax : 04 66 22 74 89.

**Waterfront Property** (expert en évaluation de propriété *pieds dans l'eau* sur la Côte d'azur et en Corse) ; Agence Orion. 20, Quai Saint-Pierre (vieux port) - 06400 Cannes. Tél. : 04 92 99 09 01. Fax : 04 92 99 09 29.

**Gilbert Boyer - Spécialiste de la propriété d'agrément** (agence) ; 14, rue Jean-Jaurès - 24800 Thiviers. Tél. : 05 53 55 06 32. Fax : 05 53 55 20 95.

**Star Terre International** (vente) ; 39, rue de la Belle Feuille. 92100 Boulogne. Tél. : 01 41 10 11 11. Fax : 01 41 10 00 12.

**Loisirs Direct** (revente) ; 7, rue Michel Ange. 75016 Paris. Tél. : 01 44 14 90 92. Fax : 01 44 14 90 99.

**Pierre & Vacances** S.A. (Promoteur - Opérateur) ; La Grande Arche cedex 61. 92054 Paris La Défense. Tél. : 01 41 26 21 40. Fax : 01 41 26 25 60.

- **Maeva Clubhotel** *s.n.c.* (Promoteur - Opérateur) ; Espace de Vente - 30, rue d'Orléans, B.P. 160, 92201 Neuilly-sur-Seine. Tél. : 01 46 41 50 00. Fax : 01 46 41 00 36.
- **Maeva Latidude** agence voyages (résidences hôtelières) ; 21 rue du Départ, 75014 Paris. Minitel 36 15 Maeva. Tél. : 01 43 22 84 84. Fax : 01 43 20 19 69.

**Groupe Pujos** (Promoteur - Opérateur) ; 11*bis*, avenue Victor Hugo. 75784 Paris cedex 16. Tél. : 01 44 17 45 45. Fax : 01 44 17 45 35 (55).

**Domaine du Château de Trédion** (Promoteur - Opérateur) ; 56250 Trédion. Tél. : 02 97 67 12 37. Fax : 02 97 67 12 48.

**Temabo Hôtels** AVV Château de Maulmont (Promoteur - Opérateur) ; 63310 Randan. Tél. : 04 70 59 03 45. Fax : 04 70 59 11 88.

**Les Infirmeries du Roy René** (Promoteur - Opérateur) ; Chemin des Infirmeries. 13100 Aix en Provence. Tél. : 04 42 37 83 00. Fax : 04 42 27 54 40.

**Le Moulin de Vernegue** (Promoteur - Opérateur) ; Route Nationale 7. 13370 Mallemort. Tél. : 04 90 59 12 00. Fax : 04 90 59 15 90.

**Le Moulin de Connelles** (Promoteur - Opérateur) ; 27430 Connelles. Tél. : 02 32 59 53 33. Fax : 02 32 59 21 83.

**Eurotourisme** (Promoteur - Opérateur) ; Bruyère 2000. Bât. 1. 650 rue Henri Becquerel. Z.A. du Millénaire. 34000 Montpellier. Tél. : 04 67 22 56 00.

**SOCOFA Loisirs** (Commercialisateur) ; 1, rue Louis Blériot. 79000 Niort. Tél. : 05 49 33 27 57. Fax : 05 49 33 43 14.

**Sesame** (Promoteur - Opérateur) ; Club Bora Bora, 9, avenue du maréchal Lyautey. 75016 Paris. Tél. : 01 42 88 57 01. Fax : 01 42 88 57 02.

**Pronier Promotion** (Promoteur - Opérateur) ; Rue de la Pierre Aigüe - 50350 Donville-les-bains. Tél. : 02 33 90 20 20. Fax : 02 33 50 65 06.

**Les cottages de Lonvilliers** (Promoteur - Opérateur) ; 22, rue de la Pépinière - 75008 Paris. Tél : 01 42 93 79 16. Fax : 01 42 93 75 92.

**Club Escale** (Promoteur - Opérateur) ; *snc* Green Andaluz. B.P. 44. 56342 Carnac cédex. Tél. : 02 97 52 93 55. Fax : 02 97 52 23 23.

**Resivac International** (Commercial) ; 11, rue de l'Égalité. 94300 Vincennes. Tél. : 01 43 28 10 00. Fax : 01 43 28 20 00.

**Immobilière Nationale** (Commercial) ; 44, rue Millardet. B.P. 152. 16105 Cognac cédex. Tél. : 05 45 35 80 00. Fax : 05 45 35 85 30.

**Épargne Loisirs International** (E.L.I. - Promoteur - Opérateur) ; 174, boulevard Malesherbes. 75017 Paris. Tél. : 01 44 01 01 90. Fax : 01 44 01 01 91.

**Vacances Time Share Diffusion** (Commercial) ; 32, rue Monge. 29200 Brest. Tél. : 02 98 46 48 49. Fax : 02 98 44 57 45.

**SOMEF S.A. ;** 6, route de Sauverny. C.H. 1290 Versoix (Sté suisse d'Investissement/conseil). Contact France, R. Cervera. 62, rue Guy Le Rouge. 78730 Rochefort en Yvelines. Tél. : 01 30 88 40 06. Fax : 01 30 88 42 29.

**Cabinet Europe Investissement** (E.L.I. - Investissement) ; 3, rue de l'Hippodrome. 44000 Nantes. Tél. : 02 40 37 54 45. Fax : 02 40 37 04 78.

**Nouveaux Horizons on the World** (N.H.W. - Investissement) ; 49, rue Camille Sauvageon. 33800 Bordeaux. Tél./Fax : 05 56 91 76 33.

**La Continentale** (agence) ; 5, rue Adam de Craponne. 34000 Montpellier. Tél. : 04 67 92 39 83. Fax : 04 67 92 41 60.

**First Management Developpement** (investissement) ; 4, rue Aumont. 57140 Noroy le Veneur. Tél. : 03 87 51 17 28. Fax : 03 87 51 21 99.

**Château d'acqueville** (Commercial) ; 220, rue de Poissy. - 78670 Villennes-sur-Seine. Tél. : 01 39 75 80 83.

**Rosenbluth International** (opérateur) 19, ave la Bourdonnais. 75007 Paris. Tél. : 01 45 55 92 40. Fax. : 01 40 08 00 71.

**Interval International** (Bourse d'échange) ; Immeuble Le Rond Point, 8, Mail Barthélémy Thimonnier. 77185 Lognes. Tél. : 01 60 37 39 99. Fax : 01 64 62 98 40.

**R.C.I. Europe** *Ltd* (Bourse d'échange) ; Kettering Parkay. Kettering, Northants NN15 6EY. Tél. : (00) 01536 310101. Fax : (00) 01536 411037. Télex : 34470 RCI UK.

### *h) Entreprises du BTP, artisanales et artistiques spécialisées dans la conservation, la restauration et la mise en valeur du patrimoire* *

* La liste qui suit pourra être complétée par une recherche plus pointue autour de quelques 50 000 entreprises titulaires, en France, du certificat de qualification professionnel Qualibat[116]. Cette liste rejoint, pour certaines de ces entreprises, le *Groupement des entreprises de restauration des Monuments Historiques* (* *) adhérentes à *l'Association Européenne des Entreprises de Restauration du Patrimoine Architectural* (A.E.E.R.P.A.) et agréées par les services de la *Mission technique et économique* de la Direction du Patrimoine (Sous Direction des MH [S.D.M.H.], Département des Monuments et des jardins : 65, rue de Richelieu - 75002 Paris. Tél. : 01 40 15 87 61. Fax : 01 40 15 84 54).

---

[116] Par deux protocoles de 1949 et 1988, l'État a confié à QUALIBAT, organisme professionnel de qualification et de certification du bâtiment créé en 1949 sous forme d'association, les missions de qualifier (dix qualifications font expressément référence dans leur libellé aux chapitres structure et gros œuvre, enveloppe exérieure, clos, divisions aménagements et définition), de classer, puis plus récemment, de certifier les entreprises exerçant des activités de bâtiment. Les qualifications délivrées par QUALIBAT comprennent entre autres qualifications : la restauration des monuments historiques (200 entreprises) ; la restauration du patrimoine ancien (voir définition en page 1, note ** [426 entreprises]) ; la couverture en matériaux régionaux 411 entreprises). Ces informations comprennent la dernière remise à jour de la nomenclature des qualifications dressée en décembre 1996 (exercice 1995-1996).

Une liste sélective et particulièrement détaillée par qualification des entreprises de restauration MH et patrimoine ancien (1995-1996, par département avec leur raison sociale, les adresses, les téléphones, les numéros Siren et les codes de qualification) a été délivré par la Sous-Direction des MH, Département des Monuments et Jardins (Mission Technique et Économique) (V. Directeur de projet). Cette nomenclature des qualifications, consultable sur un support informatique et/ou à l'aide d'ouvrages reliés numérotés, permet de rendre compte des capacités techniques et des moyens de production des entreprises. Elle représente une source privilégiée d'informations techniques enregistrées par profession, par spécialité et par département et correspondant à des sélections rigoureuses. Toute demande d'information doit être adressée à Qualibat/Faditt, fichier des entreprises :

- **Qualibat (Fichier des entreprises) :** 55, avenue Klébert - 75784 Paris cedex 16. Tél. : 01 47 04 26 01. Fax : 01 47 04 52 83. *Ou,*

- **Fadin Documentation :** BP 68000. 13792 Aix-en-Provence cedex 3. Tél. : 04 42 24 41 22. Fax : 04 42 24 23 21.

* * Le Groupement national des entreprises de restauration de MH (9, rue La Pérouse - 75784 Paris cedex. Tél. : 01 40 69 51 59. Fax : 01 47 20 06 62) réunit des entreprises qualifiées suivant une procédure rigoureuse (soumises à une commission d'attribution après examens administratif [Diplômes, RCS, URSSAF, caisses de retraite et de congés payés etc.] technique et financier. Ces entreprises, dispersées sur tout le territoire de la France, sont répertoriées selon un procédé de classement croisé : par qualification et par situation géographique. Elles sont spécialisées dans le bâti ancien et l'artisanat d'art (près de 170) et figurent pour la plupart d'entre elles dans l'ouvrage précité de René Dinkel (Encyclopédie du patrimoine, p. 1359 à 1399).

*La liste qui suit présente quelques entreprises et artisants, lesquelles, pour la plupart, exposèrent leur savoir-faire lors du Salon International du Patrimoine les 25 au 28 septembre 1997 au Carrousel du Louvre et/ou sont membres de l'A.E.E.R.P.A.*

**L'Acanthe - La pierre fertile** (Restaurateur de décors peints, polychromie chaulage) ; 88, rue de la Gare - 44980 Sainte Luce sur Loire. Tél. : 02 51 85 01 80. Fax : 02 51 85 01 80.

**A.G.P.** (Art Graphique et Patrimoine, relevé d'édifices par procédé informatique) ; 73 bis, route de Roissy. 93290 Tremblay en France. Tél. : 01 49 63 49 98. Fax : 01 49 63 49 81.

**AIMOS** (Société commingeoise de restauration du patrimoine. Distributeur exclusif de chaux grasse en pâte importée de Grèce) ; 3, rue Caro - 31800 Saint-Gaudens. Tél. : 05 61 95 45 77. Fax : 05 61 95 28 94.

**Alterna** (Restauration des intérieurs anciens) ; Madalinskiego 49/51. 02-544 Varsovie (Pologne). Tél. : (48) 22-6460605. Fax : (48) 22-6460604.

**AMTC** *sarl* (Assèchement de Mur - Traitement de Charpente) ; 75, chemin de la Gladière. 49130 de Cé. Tél. : 02 41 79 25 21. Fax : 02 41 44 84 67.

**Architectural Decorators & Restorers** (A.D.R.) ; 73, Boulevard Richard Lenoir - 75011 Paris. Tél. : 01 40 21 38 77. Fax : 01 40 21 77 11.

**Ardoisières d'Angers** (Producteur d'ardoises naturelles de couverture) ; 3, rue Carl Linne - BP 08. 49010 Angers cedex 01. Tél. : 02 41 91 15 15. Fax : 02 41 91 15 41.

**Artbraz** (Bronzerie d'Art) ; Ul. Woycickiego 15. 01-938 Varsovie (Pologne). Tél. : (48) 22 34 12 60. Fax : (48) 22 34 08 79.

**Artcasa** *s.n.c.* (Restauration de MH et édifices) ; Via Firenze 38/E. 50047 Prato, Italie. Tél./Fax : (39) 0574 58 03 82.

**L'Art dans la forge** (Création et copies de style, grilles, rampes etc.) ; Route de Chalon. 71220 Saint Bonnet de Joux. Tél. : 03 85 24 79 65. Fax : 03 85 24 70 61.

**ART TOPIA** (Compagnons jardiniers, restauration traditionnelle et gestion des parcs et jardins) ; 26, avenue des Platanes. 78860 Saint Nom la Bretèche. Tél. : 01 30 80 42 10. Fax : 01 34 62 15 87.

**Asselin & C$^{ie}$** *S.A.* (Charpente, menuiserie) ; 10, boulevard A. Rodin. 79102 Thouars cedex. Tél. : 05 49 68 08 66. Fax : 05 49 66 62 38.

**Atelier François-Bernard Gris** (pierres régionales, tailles et sculptures de la pierre) ; 22, chemin de Berthelange. 25410 Saint Vit. Tél. : 03 81 87 78 49. Fax : 03 81 87 56 84.

**Ateliers Bobin** (Conservation et restauration des tapis et tapisseries) ; 27, rue de la Vanne. 92120 Montrouge. Tél. : 01 49 65 64 64. Fax : 01 49 65 64 70

**Atelier Jean Loup Bouvier** (Sculpture gypserie, moulage) ; 9, rue du Ponant. 30133 Les Angles. Tél. : 04 90 25 32 90. Fax : 04 90 25 62 46.

**Atelier Jean-Yves Ginet** (Menuiserie, parquets, bois créés tous styles et marqueterie) ; 26560 Ballons. Tél. : 04 75 28 42 11. Fax : 04 75 28 41 37.

**Atelier de menuiserie ébénisterie Baty Dominique** (Portes cochères, lambris, escaliers) ; 2, rue Pic-Drille. 10150 Charmont sous Barbuise. Tél. : 03 25 41 05 80. Fax : 03 25 41 02 45.

**Atelier de la Perrière** (Taille de pierre, marbrerie, escalier, dallage, cheminée de style, éléments d'architecture) ; 27, rue des Auvernais. 45380 La Chapelle Saint Mesmin. Tél. : 02 38 43 20 23. Fax : 02 38 88 27 04.

**Atelier Quentier** (Peinture-décoration et restauration. Laques, patines, trompe-l'œil) ; 15, rue Henry Monnier. 75009 Paris. Tél. : 01 48 78 64 35. Fax : 01 48 78 22 79.

**Atelier Tredo** (Création et fabrication de lanternes d'éclairage et de consoles par rapport à l'architecture, à un site ou un environnement spécifique) ; Rue Jean Mermoz. 08300 Rethel. Tél. : 03 24 72 38 37. Fax : 03 24 38 08 82.

**Les ateliers Araba** (Restauration de peintures murales. Stucs, moulages, mosaïques, sculptures) ; 1, rue de Frène. 06560 Valbonne. Tél. : 04 93 12 29 59. Fax : 04 93 12 28 24.

**Ateliers d'art français** (Ornementation de toiture, épis, faîtage, girouettes, œil de bœuf, lucanes en zinc, cuivre, plomb) ; 97*bis*, rue Molière. 94204 Ivry. Tél. : 01 45 15 20 30. Fax : 01 46 70 92 65.

**Les ateliers du clos Mouron** *sarl* (Restauration de bâtiments publics et privés et MH) ; Avenue du Clos Mouron. BP 85. 71700 Tournus. Tél. : 03 85 51 13 59. Fax : 03 85 32 54 57.

**Atelier Thierry Goux** *sarl* (Bureau d'études des applications de la restauration du patrimoine) ; Le Village. 26300 Charpey. Tél. : 04 75 59 87 91. Fax : 04 75 59 87 33.

**Ateliers Perrault frères** (Ébénisterie, menuiserie, charpente, ferronnerie d'art) ; B.P. 2. 30, rue Sébastien Cady. 40290 Saint laurent de la Plaine. Tél. : 02 41 22 37 22. Fax : 02 41 22 37 37. Ou, 5 rue du banquier. 75013 Paris. Tél. : 01 55 43 00 64. Fax : 01 45 87 02 19.

**Serge Bachelier** *eurl* (Ferronerie d'art) ; L'entrée des Gardes. 36190 Gargilesse. Tél. : 02 54 47 83 28. Fax : 02 54 47 72 16.

**Baillereau** *S.A.* (Taille de pierre, maçonnerie) ; La Pinauderie. B.P. 127, 11, rue de la Roujolle. 37541 Saint-Cyr-sur-Loire. Tél. : 02 47 62 17 17. Fax : 01 48 09 86 17.

**Barberot** *S.A.* (Taille de pierre, maçonnerie) ; 12, rue de la citadelle, 01000 Bourg-en-Bresse. Tél. : 04 74 21 57 13. Fax : 04 74 21 44 85.

**Benaiteau** (Taille de pierre, maçonnerie) ; Z.A. 85700 Chatelliers. Tél. : 02 51 92 23 41. Fax : 02 51 92 20 50.

**Billiez** (Taille de pierre, maçonnerie) ; 21, rue des Fillettes. B.P. 59. 93121 La -Plaine-Saint-Denis. Tél. : 01 49 17 80 70. Fax : 01 42 43 40 96.

**Billon** *S.A.* (Taille de pierre, maçonnerie) ; 42, rue Pasteur. 85800 Saint-Gilles-Croix-de-Vie. Tél. : 02 51 55 49 32. Fax : 02 51 55 11 74.

**Blanchon** *S.A.* (Taille de pierre, maçonnerie) ; 29, rue de Tourcoing. Z.I. Romane. 87006 Limoges cedex. Tél. : 05 55 30 16 70. Fax : 05 55 30 46 38.

**Bonnel et C$^{ie}$** (Taille de pierre, maçonnerie) ; 3, rue du Stade Champigné, 49330 Châteauneuf-sur-Sarthe. Tél. : 01 41 42 01 52. Fax : 01 41 42 02 85.

**Briquetterie Le Croc** (Carreaux de terre cuite fait-main) ; Rue du croc. 49430 Les Rairies. Tél. : 02 41 76 32 09. Fax : 02 41 76 34 49.

**Cardo jardins et patrimoine** (Restauration et conservation des parcs et jardins, lecture paysagère et analyse des sites) ; 4, rue Jean-Jacques Rousseau. 93100 Montreuil-sous-bois. Tél. : 01 42 87 87 42.

**Ceccon Frères** (Taille de pierre, maçonnerie) ; Avenue des îles Prolongées. BP 12. 74961 Cran-Gévrier cedex. Tél. : 04 50 57 11 56. Fax : 04 50 57 24 89.

**Chailleux Père & Fils** (Taille de pierre, maçonnerie) ; Z.A. du Paradis, 15/17 avenue Rhin et Danube. 72201 La Flèche cedex. Tél. : 02 43 94 09 66. Fax : 02 43 45 22 15.

**Champagne Construction-Rénovation** (Taille de pierre, maçonnerie) ; Z.A. du Paradis. 15/17, avenue Elis Baylac. 95660 Champagne-sur-Oise. Tél. : 01 34 70 12 36. Fax : 01 30 34 67 80.

**Chapelle et C^ie^** (Taille de pierre, maçonnerie) ; 26/27, rue Saint-Adelaïde. B.P. 472. 78000 Versailles. Tél. : 01 39 50 03 49. Fax : 01 39 50 41 18.

**Charpentier PM** (Taille de pierre, maçonnerie) ; 30, rue Rottembourg. 75012 Paris. Tél. : 01 48 99 82 50. Fax : 01 48 99 68 79.

**Les Charpentiers de Paris** (Charpente, menuiserie) ; 46, rue des Meuniers. B.P. 102. 92225 Bagneux cedex. Tél. : 01 47 35 93 00. Fax : 01 47 35 75 24.

**Les carreaux de Chesley** (Manufacture artisanale de carreaux. Pavements avec incrustations de décors. Rééditions de carreaux anciens et de décors faïencés) ; 4, rue Cadet. 10210 Chesley. Tél. : 02 25 70 00 93. Fax : 03 25 70 06 28.

**Chevalier conservation** (Restauration et conservation de tapisseries) ; 64, boulevard de la Mission-Marchand. 92400 Courbevois. Tél. : 01 47 88 41 41. Fax : 01 47 88 64 52.

**Chatignoux** *S.A.* (Taille de pierre, maçonnerie) ; Z.A. La Motte. B.P. 6. 10280 Fontaine-lès-Grès. Tél. : 03 25 70 28 76. Fax : 03 25 70 28 77.

**H. Chevalier** *S.A.* (Taille de pierre, maçonnerie) ; 6, avenue de la République. B.P. 133. 92500 Rueil-Malmaison. Tél. : 01 47 49 68 10. Fax : 01 47 77 02 54.

**Chevrin-Geli** *S.A.* (Taille de pierre, maçonnerie) ; Airoux. 11320 Labastide-d'Anjou. Tél. : 04 68 60 00 20. Fax : 04 68 60 06 06.

**Les compagnons de Saint-Jacques** (Taille de pierre, maçonnerie) ; Z.A., route de Chalais. 16300 Barbezieux. Tél. : 05 45 78 19 38. Fax : 05 45 78 11 77.

**Les Compagnons réunis** (Taille de pierre, maçonnerie) ; Les Chasselines. 24210 La Bachelière. Tél. : 05 53 51 59 31. Fax : 05 53 51 59 33.

**Cossutta** *S.A.* (Travail du grès de Fontainebleau. Sciage de pavés anciens, clivage à la presse) ; 16, rue du Moulin. 02810 Gandelu. Tél. : 03 23 71 42 20. Fax : 03 23 71 44 79.

**Dagois** *sarl* (Taille de pierre, maçonnerie) ; 19, rue Delorme, B.P. 511. 03005 Moulins cedex. Tél. : 04 70 46 42 84. Fax : 04 70 20 07 04.

**Degaine** *S.A.* (Taille de pierre, maçonnerie) ; 19, rue de la Lancette. 75012 Paris. Tél. : 01 44 67 87 10. Fax : 01 43 07 08 75.

**Degioanni** (Taille de pierre, maçonnerie) ; Quartier Beroulf, 06380 Sospel. Tél. : 04 93 04 17 10. Fax : 04 93 04 10 93.

**D.P.M.B.** (Taille de pierre, maçonnerie) ; Z.I. Les Petites Haies, B.P. 25. 94001 Créteil cedex. Tél. : 01 48 99 82 50. Fax : 01 48 99 68 79.

**Erpima** (Taille de pierre, maçonnerie) ; 31, rue M$^{me}$ de Sanzillon. 62110 Clichy. Tél. : 01 42 70 02 91. Fax : 01 42 70 69 65.

**Eschlimann** (Peintures, restauration, dorures) ; 4, route de Lyon. 67640 Fegersheim. Tél. : 03 88 64 18 22. Fax : 03 88 64 98 60.

**E.T.P.M.** (Taille de pierre, maçonnerie) ; Mercières-aux-Bois. 60610 La-Croix-Saint-Ouen. Tél. : 03 44 91 50 00. Fax : 03 44 91 50 10.

**Fancelli** *S.A.* (Restauration, création d'ensembles en bois sculpté ou décoré) ; 31, rue Marcel Bourdarias. 94140 Alfortville. Tél. : 01 43 75 47 84. Fax : 01 43 75 24 72.

**Fonteneau** (Taille de pierre, maçonnerie) ; 2, rue Guillaume Lekeu. B.P. 215. 49002 Angers cedex 01. Tél. : 02 41 43 91 12. Fax : 02 41 43 83 38.

**France-Lanord et Bichaton** (Taille de pierre, maçonnerie) ; Rue du Coteau, B.P. 119. 54183 Heillecourt cedex. Tél. : 03 83 55 06 70. Fax : 03 83 53 30 62.

**Gautier-Yvon** *S.A.* (Toitures des MH) ; 11, rue de Villoutreys. B.P. 2222 Angers. Tél. : 02 41 47 29 19. Fax : 02 41 79 00 23.

**GECO assèchement** (Traitement de l'humidité) ; 8 bis de la Redoute. 67207 Niederhausbergen. Tél. : 03 88 18 11 18. Fax : 03 88 18 15 49.

**Louis Geneste et ses Fils** (Taille de pierre, maçonnerie) ; Z.I. du Brézet. 30, rue Gutenberg. 63100 Clermont-Ferrand. Tél. : 04 73 91 47 36. Fax : 04 73 92 65 80.

**Genevee Mobilur** (Fonderie d'art, fonte grise, laiton) ; 2, rue de Courcelles. 41160 Freteval. Tél. : 02 54 82 64 78. Fax : 02 54 82 05 17.

**Girard** *S.A.* (Taille de pierre, maçonnerie) ; Z.I. Courtine, 390, rue du Grand Gigognan. 84094 Avignon cedex 9. Tél. : 04 90 82 05 09. Fax : 04 90 27 01 95.

**Goavec J.-P.** *S.A.* (Taille de pierre, maçonnerie) ; 21, rue de la Mairie. B.P. 5. 29190 Brasparts. Tél. : 02 98 81 40 21. Fax : 02 98 81 45 10.

**Gourdon** *S.A.* (Couverture) ; 38, rue de Cernay. 51100 Reims. Tél. : 03 26 88 63 91. Fax : 03 26 40 47 18.

**G.P.S.** (Matériaux en terre cuite pour la couverture, les murs, les closons, les parements et la décoration) ; Route d'Auch. BP 3B. 31773 Colombiers. Tél. : 05 61 30 61 00. Fax : 05 61 30 61 07.

**Guerre Vincent** (Fourniture, découpe et pose de miroirs anciens au mercure) ; 16, rue de la Grande Batelière. 75009 Paris. Tél. : 01 42 46 48 50. Fax : 01 47 70 02 42.

**Hairis** *S.A.* (Couverture) ; 52, rue Victor Hugo. 76000 Rouen. Tél. : 02 35 71 39 29. Fax : 02 35 89 50 53.

**Hervé et ses Fils** (Taille de pierre, maçonnerie) ; Le Petit Pin. 23, rue de la Bataille. Le Viel-Baugé. 49150 Baugé. Tél. : 02 41 89 13 81. Fax : 02 41 89 11 89.

**Huguenot-Fenal** (Tuilerie) ; 11, ave. de la Marne. 51340 Pargny-sur-Saulx. Tél. : 03 26 73 68 00. Fax : 03 26 73 19 57.

**Hory-Chauvelin** (Taille de pierre, maçonnerie) ; 48, rue Nationale. B.P. 53. 37420 Avoine. Tél. : 02 58 97 97. Fax : 02 47 58 88 89.

**Hory-Marcais** (Taille de pierre, maçonnerie) ; Chemin des Creuzots. B.P. 588. 21016 Dijon cedex. Tél. : 03 80 58 99 30. Fax : 03 80 58 99 27.

**Hygiène office** (Procédé de lutte anti-parasitaire agréé par le Centre Technique du Bois et de l'Ameublement) ; 4, rue Pelletier. 91320 Wissou. Tél. : 01 60 11 25 23. Fax : 01 60 11 63 09.

**Jacquet** (Taille de pierre, maçonnerie) ; 139, chemin de Villeneuve. 18000 Bourges. Tél. : 02 48 50 22 12. Fax : 02 48 67 07 54.

**Jaulard Entreprises** (Taille de pierre, maçonnerie) ; Rue des Ailes. Z.A. Parcay-Meslay. 37003 Tours cedex. Tél. : 02 47 62 14 00. Fax : 02 47 29 19 70.

**Kneip Raymond** (Ornemaniste métaliste couverture) ; 51800 Massiges. Tél. : 03 26 60 42 05. Fax : 03 26 60 06 42.

**Laboratoire d'étude des matériaux** (Le L.E.M. travaille en collaboration avec les praticiens de la restauration, les architectes, les entreprises du bâtiment et en accord avec le laboratoire de recherche des MH. Objectifs : analyse des matériaux et leurs altercations, définition de protocoles de restauration) ; BP 192, 67405 Illkirch. Tél. : 03 88 66 33 00. Fax : 03 88 66 59 17.

**Lanctuit** *S.A.* (Taille de pierre, maçonnerie) ; 12, rue du Point du jour. B.P. 805. 27027 Vernon cedex. Tél. : 02 32 64 52 52. Fax : 02 32 51 81 44.

**Georges Lanfry** (Taille de pierre, maçonnerie) ; 22, route de Dieppe. 76250 Deville-les -Rouen. Tél. : 02 35 74 39 00. Fax : 02 35 74 43 34.

**Lefaure** (Taille de pierre, maçonnerie) ; 12, rue Barbès. 92300 Levallois-Perret. Tél. : 01 47 48 18 00. Fax : 01 47 57 06 31.

**Lefevre** (Taille de pierre, maçonnerie) ; 23, boulevard Louise Michel. 92230 Gennevilliers. Tél. : 01 47 33 65 56. Fax : 01 47 90 52 38.

**Les Mollières** (Réédition de matériaux anciens. Réalisation de dallages de pierres vieillis sur mesures avec plan de pose et dalles numérotées) ; Route Nationale 13. 78270 Chaufour. Tél. : 01 34 76 17 64. Fax : 01 34 76 12 24.

**Maillefert** *S.A.* (Taille de pierre, maçonnerie) ; Z.I. 12, rue d'Alsace; B.P. 13. 52260 Rolampont. Tél. : 03 25 84 70 18. Fax : 03 25 84 74 37.

**Mamias** (Fabricant, installateur, restaurateur : jougs, beffrois, abat-son, horlogerie monumentale et d'édifice) ; 28-30, avenue Jean Jaurès. 93220 Gagny. Tél. : 01 43 02 43 88. Fax : 01 43 02 94 42.

**Mariani** (Taille de pierre, maçonnerie) ; 26, chemin de Massillargues. 84000 Avignon. Tél. : 04 90 86 54 85. Fax : 04 90 82 53 79.

**Mastran** *S.A.* (Taille de pierre, maçonnerie) ; Rue Étienne Godefroy. 13200 Arles. Tél. : 04 90 96 16 96. Fax : 04 90 93 54 60.

**Matériaux anciens Crouan** *sarl* (Conseil, étude, réalisation, vente) ; Château de Chambiers. 49430 Durtal. Tél. : 02 41 76 07 31. Fax : 02 41 76 04 28.

**Michot bâtiment** (Entreprise générale de ravalement. Qualification Patrimoine ancien) ; 72, avenue du Docteur Arnold Netter, 75012 Paris. Tél. : 01 43 45 10 77. Fax : 01 43 45 10 99.

**Merlot** *sarl* (Charpente, menuiserie) ; Z.I., route de Chinon. 37120 Richelieu. Tél. : 02 47 58 26 19. Fax : 02 47 58 14 95.

**J. Moullec** (Taille de pierre, maçonnerie) ; 40, rue Docteur-Lavergne. B.P. 333. 22403 Lamballe cedex. Tél. : 02 96 31 00 75. Fax : 02 96 31 94 52.

**Les Métiers du Bois** (Charpente, menuiserie) ; 39, route de Poitiers. 86240 Fontaine-le-Comte. Tél. : 05 49 55 44 94. Fax : 05 49 53 23 30.

**Normandie Rénovation** (Taille de pierre, maçonnerie) ; Z.I. de Rouxmesnil Bouteilles. 76370 Neuville-Les-Dieppe. Tél. : 01 35 04 94 61. Fax : 02 35 82 91 34.

**Opus marbrerie** (Recherche de blocs en carrière puis sciage et mise en œuvre pour qui le désir) ; La Diane. 28290 Saint Pellerin. Tél. : 02 37 98 83 95. Fax : 02 37 98 85 77.

**Pagot** (Taille de pierre, maçonnerie) ; 10, rue Rebais. 77160 Provins. Tél. : 01 64 00 02 85. Fax : 01 60 67 71 73.

**Pateu et Robert** *snc* (Taille de pierre, maçonnerie) ; Z.I. de Trepillot. 26, rue Albert Thomas. 25000 Bezançon. Tél. : 03 81 53 62 11. Fax : 03 81 47 05 79.

**Pavy** *S.A.* (Taille de pierre, maçonnerie) ; Z.I. Nord, rue Thomas Edison. 72650 La-Chapelle-Saint-Aubin. Tél. : 02 43 47 03 03. Fax : 02 43 41 03 09.

**Pradeau & Morin** (Taille de pierre, maçonnerie) ; 41, boulevard Soult. 75012 Paris. Tél. : 01 43 43 32 54. Fax : 01 43 40 37 47.

**Pratoverde** *sarl* (Restauration, conservation d'immeubles historiques. Assainissement des maçonneries, consolidation des structures, imperméabilisation des surfaces) ; Via Monte Leoni 10/12. 58100 Grosseto (Italie). Tél. : (39) 0564 45 52 90. Fax : (39) 564 45 14 96.

**Py** (Taille de pierre, maçonnerie) ; 147, avenue du Maréchal Joffre. 66000 Perpignan. Tél. : 03 68 61 21 17. Fax : 03 68 61 44 17.

**Quélin** *S.A.* (Maçonnerie, pierre de taille, restauration de MH) ; 95-97, avenue Victor-Hugo. 92500 Rueill-Malmaison. Tél. : 01 47 10 08 00. Fax : 01 47 51 22 22.

**Établissements Ragot** (Restauration, copie d'ancien, sculpture, escalier) ; 100, rue du maréchal Leclerc. 52310 Marault. Tél. : 03 25 01 42 54. Fax : 03 25 01 48 40.

**Rauscher** *S.A.* (Taille de pierre, maçonnerie) ; 29, rue de la Gare. 67320 Adamswiller. Tél. : 03 88 01 70 01. Fax : 03 88 01 71 58.

**R.B.L.** (Restauration, Bâtiment Lafferrière) ; Z.I. de Muamont. B.P. 6. 16600 Magnac-sur-Tourve. Tél. : 05 45 38 00 48. Fax : 05 45 95 02 26.

**Real** (Taille de pierre, maçonnerie) ; 9, avenue du Maréchal Joffre. 46101 Figeac cedex. Tél. : 05 65 34 19 04. Fax : 05 65 50 00 85.

**Renaud R. & Fils** (Taille de pierre, maçonnerie) ; Lieudit Champ Léger. B.P. 14. 47551 Boé cedex. Tél. : 05 53 47 13 04. Fax : 05 53 68 27 90.

**Renofors** (Taille de pierre, maçonnerie) ; 183, boulevard Jean Mermoz. 94669 Chevilly-Larue. Tél. : 01 49 73 20 07. Fax : 01 49 73 21 57.

**R.M.P.T.** (Taille de pierre, maçonnerie) ; 13, rue de Brest. 67100 Strasbourg. Tél. : 03 88 79 38 40. Fax : 03 88 79 27 22.

**Rontaix** *sne* (Taille de pierre, maçonnerie) ; Rue de la Tourelle. B.P. 25. 91314 Longpont-sur-Orge. Tél. : 01 69 80 35 00. Fax : 01 69 01 27 15.

**Sac** (Taille de pierre, maçonnerie) ; 12, boulevard Frédéric Latouche. B.P. 93. 71403 Autun cedex. Tél. : 03 85 52 30 07. Fax : 03 85 52 67 20.

**Sachet et Brulet** *snc* (Taille de pierre, maçonnerie) ; 16, rue de l'Évangile. 75018 Paris. Tél. : 01 44 7284 84. Fax : 01 44 72 84 83.

**Sarebat** *S.A.* (Taille de pierre, maçonnerie) ; Zone artisanale. 19240 Varetz. Tél. : 05 55 85 09 54. Fax : 05 55 84 24 28.

**A. Sagne & Fils** (Taille de pierre, maçonnerie) ; Z.I. Montaudran. 17, impasse Didier Daurat. 31400 Toulouse. Tél. : 05 61 20 44 65. Fax : 05 62 16 16 94.

**Scandola-Pautre** *S.A.* (Taille de pierre, maçonnerie) ; 21450 Baigneux-les-Juifs. Tél. : 04 80 89 04 66. Fax : 04 80 89 04 82.

**L. Scherberich** *S.A.* (Taille de pierre, maçonnerie) ; 162, rue du Ladhof. B.P. 1679. 68016 Colmar cedex. Tél. : 03 89 20 81 10. Fax : 03 89 23 41 29.

**Schwartz Paul** *S.E.* (Taille de pierre, maçonnerie) ; 66, rue J.-J. Kieffer. 57230 Bitche. Tél. : 03 87 96 20 19. Fax : 03 87 06 17 46.

**Sele** (Taille de pierre, maçonnerie) ; 65, rue Octave Camplan. 30000 Nîmes. Tél. : 04 66 26 17 07. Fax : 04 66 26 46 73.

**S.M.B.R.** (Taille de pierre, maçonnerie) ; Route de Laght. 06340 La Trinité. Tél. : 04 93 54 45 61. Fax : 04 93 54 86 28.

**S.N.T.G.** (Taille de pierre, maçonnerie) ; 3, rue Duranton. 47000 Agen. Tél. : 05 53 66 33 85. Fax : 05 53 66 09 90.

**Société de sculpture et de restauration P. Floch** (Sculpteur en ornementation et statutaire) ; Coët-Bugat. 56120 Guegan. Tél. : 02 97 22 21 56. Fax : 02 97 73 04 42.

**Société Méditerranéenne de Bâtiment et de Rénovation** (Restauration de MH) ; Route de Laghet. 06340 La Trinité. Tél. : 04 93 54 45 61. Fax : 04 93 54 86 28.

**Société Ritou Construction** *src* (Taille de pierre, maçonnerie) ; 34, avenue de l'Europe. 78141 Velizy. Tél. : 01 30 67 66 70. Fax : 01 34 65 01 83.

**Socoba. É[ts] Mander** (Taille de pierre, maçonnerie) ; 129, rue Romain Roland, Le Prieur. B.P. 82. 19103 Brive. Tél. : 05 55 87 44 24. Fax : 05 55 87 60 21.

**SN Socra** *sarl* (Restauration de pavement, mosaïques, sculptures et bronzes d'art) ; Chemin des Feutres du Toulon. 24000 Périgueux. Tél. : 05 53 53 40 69. Fax : 05 53 04 22 90.

**Sogéa Atlantique** (Taille de pierre, maçonnerie) ; 213, route de Rennes. 44700 Orvault. Tél. : 02 40 76 36 37. Fax : 02 40 76 68 97.

**SRMH et Hainaut Construction** (Taille de pierre, maçonnerie) ; 1, rue Notre Dame. 59300 Valenciennes. Tél. : 03 27 46 42 29. Fax : 03 27 46 62 37.

**Studio Tre** (Restauration de fresques, peintures et décorations murales conformément aux les règles édictées par l'Assemblée Générale du Parlement Européen en 1993) ; Corso Italia 8. 52100 Arezzo (Italie). Tél. : (39) 0575 22 975. Fax : (39) 0575 22 975.

**Terre cuite de Laschamps** (fabrication de carrelage terre cuite traditionnel comprenant une gamme médiévale) ; Laschamps. 63380 Pontaumur. Tél. : 04 73 79 90 06. Fax : 04 73 79 77 05.

**Terre cuites des Rairies** (fabricant de carreaux de terre cuite au fer de bois) ; Route de Fougère. 49430 Les Rairies. Tél. : 02 41 21 15 20. Fax : 02 41 21 15 30.

**T.H.E.R.** MH et anciens (Taille de pierre, maçonnerie) ; 18 bis, route de Rouen. 27950 Saint-Marcel. Tél. : 02 32 21 58 80. Fax : 02 32 21 90 51.

**Thomann-Hanry-Ravalement** (Le gommage des façades) ; 56, rue Molitor - 75016 Paris. Tél. : 01 46 51 23 26. Fax : 01 47 43 11 03.

**Les toitures d'Anjou** (Couverture ardoise, plomb, cuivre étamé, inox, zinc, tuile, bardeaux bois) ; 20, rue de Belfort. 49100 Angers. Tél. : 02 41 34 78 78. Fax : 02 41 34 73 04.

**Tué** *S.A.* (Taille de pierre, maçonnerie) ; 22, rue Gaumont. B.P. 79. 46102 Figeac cedex. Tél. : 05 65 34 26 83. Fax : 05 65 34 76 73.

**Tuilerie Blache** (Tuile de restauration, copies. [plates, canal, gironnées, vernissées et accessoires]) ; 69700 Loire-sur-Rhone. Tél. : 04 78 73 20 19. Fax : 04 78 07 17 35.

**Tuilerie de la Bretèche de Baudus** (Fabrication en terre cuite) ; 45240 Ligny le Ribault. Tél. : 02 38 45 43 88. Fax : 02 38 45 40 15.

**Tuilerie de l'Egray** (Tuiles traditionnelles) ; Les Fouquetières. 79220 Champdeniers. Tél. : 05 49 25 60 98. Fax : 05 49 25 67 34.

**Tuilerie Laurent** (Tuiles plates, carreaux de sol, briques décoratives, claustras) ; Thil la Ville. 21390 Nan sous Thil. Tél. : 03 8064 52 75. Fax : 03 80 64 42 24.

**Union Technique du Bâtiment** (Charpente, menuiserie) ; 159, avenue Jean Lolive. 93695 Pantin cedex. Tél. : 01 49 91 77 77. Fax : 01 48 43 09 09.

**Valentin** *sarl* (Restauration de bâtiments anciens et MH) ; 3, impasse Cortin. 10410 Ruvigny. Tél. : 03 25 80 61 79. Fax : 03 25 76 13 98.

**Viallet Étienne & Cie** *snc* (Taille de pierre, maçonnerie) ; 9, chemin de Sainte Catherine. 43005 Le-Puy-en-Velay. Tél. : 04 71 05 54 44. Fax : 04 71 05 95 88.

**Le vitrail** (Traitement infographique au service du patrimoine vitrail) ; 4 rue Vrûlant. 10000 Troyes. Tél. : 03 25 73 38 87. Fax : 03 25 73 38 88.

**Vitrail Fany Glass** (Restauration et protection des vitraux anciens) ; 3, place de l'église. 95810 Grisy-les-Plâtres. Tél. : 01 34 66 42 92. Fax : 01 34 66 42 95.

**Vivian & C^ie^** (Taille de pierre, maçonnerie) ; Résidence Hermosa. 20, impasse de la Planche. 13008 Marseille. Tél. : 04 91 16 02 90. Fax : 04 91 76 38 19.

ooo

**N.B. :** Cette liste, qui en aucun cas est une sélection exaustive ni ne relève d'un choix critique de l'auteur, n'exclut nullement les entreprises qui n'y figureraient pas. Le *Qualibat* et *l'Encyclopédie du Patrimoine* susvisés demeurent les références incontestables auxquelles nous souscrivons. À ce titre, les entreprises ayant obtenu l'une des qualifications précitées mais qui ne serait pas référencées sur la présente liste (§ h), pourront en faire la demande, pour figurer au serveur réservé à la Conférence (Loisirs Direct : 36 17 MDT). Par ailleurs, les organismes bancaires et financiers, les bureaux d'études et consultants, les associations et autres organismes ayant un intérêt à paraître dans les pages de ce répertoire bénéficieront, sous réserve d'une enquête de régularité (scoring, notation) du même service (s'adresser au Directeur de projet : voir supra, Comité d'organisation).

www.ingramcontent.com/pod-product-compliance
Lightning Source LLC
LaVergne TN
LVHW010939051026
849532LV00003B/1058